Verena Kast

Lass dich nicht leben – lebe!

HERDER spektrum

Band 5314

Das Buch

Authentisch sein, Zugang zu den eigenen Ressourcen finden: Verena Kast erschließt neue Dimensionen in einer Zeit, in der viele Menschen das Gefühl haben, nicht so zu leben, wie es eigentlich richtig wäre. Dies bedeutet, eigene Freiheiten zu entdecken, sich aus einengenden Abhängigkeiten zu lösen, zu spüren, wo man selbst lebendig und schöpferisch ist. Das gilt besonders da, wo man immer wieder in dieselben Mechanismen gerät, sich von anderen Menschen oder sogenannten Sachzwängen bestimmen lässt, obwohl man doch etwas ganz anderes möchte. Und es kann auch bedeuten, in Zeiten echter Einengungen – etwa durch eine schwere Krankheit – immer noch Zugänge zu den Ressourcen zu finden, die Lebendigkeit und Freude fördern. Verena Kast weiß, dass in jedem Menschen die Kräfte liegen, die immer wieder Neues entdecken lassen, die einen schöpferischen und produktiven Umgang mit der eigenen Situation ermöglichen. Und sie weiß, dass es gelingen kann, zu neuen Freiheiten – und Einsichten zu finden.

Die Autorin

Verena Kast, geboren 1943, Psychotherapeutin, Dozentin am C. G.–Jung-Institut in Zürich, Professorin an der Universität Zürich, Vorsitzende der Internationalen Gesellschaft für Tiefenpsychologie. Autorin zahlreicher Bücher u. a. zur Thematik des Trauerns und zu Beziehungsproblemen. Bei Herder: Loslassen und sich selber finden. Die Ablösung von den Kindern; Sich einlassen und loslassen. Neue Lebensmöglichkeiten bei Trauer und Trennung; Sich wandeln und sich neu entdecken; Vom Sinn der Angst. Wie Ängste sich festsetzen und wie sie sich verwandeln lassen ; Abschied von der Opferrolle. Das eigene Leben leben. Lebenskrisen werden Lebenschancen. Aufbrechen und Vertrauen finden. Die kreative Kraft der Hoffnung.

Verena Kast

Lass dich nicht leben – lebe!

Die eigenen Ressourcen schöpferisch nutzen

HERDER

FREIBURG · BASEL · WIEN

Gedruckt auf umweltfreundlichem, chlorfrei gebleichtem Papier

Originalausgabe

Alle Rechte vorbehalten – Printed in Germany
© Verlag Herder Freiburg im Breisgau 2002
www.herder.de
Herstellung: fgb · freiburger graphische betriebe 2002
www.fgb.de
Umschlaggestaltung und Konzeption:
R·M·E München / Roland Eschlbeck, Liana Tuchel
Umschlagfoto: © ZEFA
Foto der Autorin: © Markus d'Ark Zitt
ISBN 3-451-05314-4

Inhalt

Einleitung

Wir lassen uns doch nicht leben – oder vielleicht doch manchmal?

Lassen wir die anderen Menschen oder das, was wir gemeinhin Sachzwänge nennen, in hohem Maße darüber befinden, wie wir leben? Ist es vielleicht sogar einfacher, die anderen oder einfach das, was sich so ergibt im Leben, über uns entscheiden zu lassen? Die anderen darüber befinden zu lassen, welche Wünsche wir haben, welche Ideen wir verwirklichen möchten? Auf welche Nahrung wir jetzt gerade Lust haben? Welche Gefühle wir haben und welche Entscheidungen wir daraus ableiten? Nein, natürlich wollen wir das nicht und das tun wir auch nicht. Und dennoch geht manchmal die Anpassung eines Menschen an den anderen oder an die andere, oder an das, was das Leben so von einem will, so weit, dass das eigene Leben immer mehr in den Hintergrund tritt, fast bis zur Unkenntlichkeit – und dann in einsamen Entschlüssen oder Trotzreaktionen sich doch wieder Bahn bricht.

Natürlich müssen wir Menschen uns aneinander anpassen. Wir müssen oft unsere Wünsche aufeinander abstimmen. Aber das Ich muss mit den eigenen Emotionen, mit den eigenen Wünschen, mit den eigenen Gestaltungsabsichten im eigenen Leben vorkommen. Geht das verloren, so verlieren Menschen sich selbst und werden dabei depressiv oder zerstörerisch. Komme ich selber in meinem Leben nicht oder kaum mehr vor, verliere ich meine Interessen, werde uninteressant – und die Welt wird es auch. Die Vitalität nimmt ab, gähnende Langeweile ist die Folge. Und gerade wenn wir im alltäglichen Leben uns oft irgendwo einordnen und gelegentlich auch unterordnen müssen, wenn andere Menschen oder Sachzwänge gelegentlich durchaus über uns entscheiden können, ist es von großer Wichtigkeit, dass wir die Fähigkeit und die Aufgabe, das eigene Leben zu leben, nicht vernachlässigen. Denn dann sind wir lebendig. Dann können wir auch immer wieder suchen, was uns lebendig macht.

Unsere Emotionen stehen im Dienste des Lebendigseins. Werden wir zu sehr eingeschränkt, sind wir in der Gefahr, unlebendig zu werden, dann ärgern wir uns und werden die uns beeinträchtigende Situation verändern. Natürlich haben wir die Tendenz, immer wieder in alte Verhaltensmuster zu fallen, die wir gerne hinter uns lassen würden, aber Menschen können ihr Leben lang lernen, sie können sich verändern, sie können neue Verhaltensweisen einüben und damit auch neue Beziehungserfahrungen machen und neue Gefühle kennen lernen. Unser Gehirn ist plastisch, sagen die Neurobiologen, und meinen damit, dass Veränderungen auch im höheren Alter möglich sind. Was hindert uns denn daran, unbefriedigende Umstände zu verändern? Was bewirkt, dass wir uns so leicht als Opfer der Umstände, der Sachzwänge, der Entscheidungen anderer Menschen sehen? Es gibt dafür mehrere Gründe. Zum einen unterschätzen wir Menschen uns oft in bezug auf unsere Daseinskompetenz, zum anderen blockiert die Angst oft die schöpferischen Möglichkeiten.

Wir haben schöpferische Möglichkeiten: Begabungen, Fähigkeiten. Unsere Vorstellungskraft ist eine bedeutende Ressource. Durch sie können wir uns in eine andere, ebenfalls mögliche Welt hinein versetzen – und das kann die Enge einer bestimmten Situation aufheben. In der Vorstellung haben wir immer auch andere Lebensmöglichkeiten zur Verfügung, dadurch wird das, was ist, relativiert: Die Überzeugung, es könnte auch anders sein, es gibt verschiedene Möglichkeiten, er muss nicht immer alles beim Alten bleiben, wird erlebbar.

Wir wissen, und wenden dieses Wissen auch intuitiv an, was uns in bestimmten Situationen gut tut. Wir können auch für uns selbst gut sorgen. Wissen wir, dass uns, wenn wir uns ärgern, ein schneller Spaziergang gut tut, so ist das eine Ressource. Ein anderer mag in derselben Situation lieber eine bestimmte Musik hören.

Menschen haben eine große Daseinskompetenz, und diese wird immer größer, je länger sie leben. Daseinskompetenz meint, dass man mit dem Leben umgehen kann, dass man ungefähr weiß, was man zu erwarten hat, und dass man für viele Situationen, die unvorsehbar sind, zwar zunächst meint, keine Lösung zu haben, und dann doch eine findet. Menschen können aber auch schwierige Situationen vorhersehen und sich bereits in der Vorstellung Strategien zurechtlegen, wie sie dann mit diesen Situationen umgehen werden. Vielleicht bewältigen sie dann eine entsprechende Situation ganz anders als vorgestellt: die Vorstellung aber hatte die Funktion zu zeigen, dass eine Lösung möglich ist – und entängstigt dadurch.

Wir Menschen haben viele Ressourcen, auf die wir zurückgreifen können, wenn wir uns dieser Ressourcen bewusst sind. Die Beziehung zu Menschen und das, was in der Begegnung von zwei Menschen geschieht, ist eine große Ressource. Das mag auch der Grund sein, weshalb einige Menschen immer wieder die Tendenz haben, sich über die Maßen anzupassen, in der (falschen) Annahme, dass dadurch die Beziehung zu einem wichtigen Menschen erhalten bleibt. Eine wirkliche Beziehung, eine Begegnung erfordert zwei Menschen, von denen jeder und jede auch den eigenen Interessen nach geht, ein eigener Mensch ist, das eigene Leben lebt, und aus dieser Position sich auf einen anderen Menschen einlässt. Die Beziehung zu einem Menschen, auf den man sich verlassen kann, entängstigt, macht Mut zur Angst. Gerald Hüther zitierte in einem Vortrag eine Untersuchung im Zusammenhang mit Angst, die mir sehr wichtig erscheint: Befindet sich ein Affe in einem Käfig, und ein Hund geht an diesem Käfig vorbei, zeigt der Affe Anzeichen von Angst, die jeweils auch messbar sind. Setzt man aber einen zweiten Affen in diesen Käfig, der dem anderen etwas vertraut ist, dann zeigen beide beim Anblick des Hundes keine Angst. Gerade weil die Anwesenheit eines anderen Menschen uns entängstigt, sind Probleme in Beziehungen auch eine Quelle der Angst.

Das Umgehen mit der Angst, so dass nicht mehr, sondern weniger Angst entsteht, ist sehr wichtig, wenn wir zu unseren Ressourcen finden und sie auch nutzen wollen.

Zu leben heißt, in Kontakt mit den eigenen Gefühlen zu sein. Nicht nur mit der Angst, sondern auch mit dem Ärger, der uns signalisiert, dass wir in unseres Selbsterhaltung oder in unserer Selbstgestaltung gehemmt fühlen oder uns hemmen lassen, so dass wir nicht unser eigenes Leben leben. Gerade der Ärger zeigt uns aber auch, dass wir Menschen zwar das Bedürfnis haben, das eigene Leben zu leben und dafür auch einzustehen, etwas zu entwickeln und zu gestalten, aber dass wir in unserer Selbstgestaltung nur so weit gehen wollen, dass wir in Beziehung zu anderen Menschen bleiben können: Der Ärger muss also so ausgedrückt werden, dass zwar Hindernisse beseitigt, aber nicht die Beziehung und das Gefühl der Zugehörigkeit zerstört wird.

Das eigene Leben zu leben, heißt auch herauszufinden, wo unsere wirklichen Interessen sind, unsere leidenschaftlichen Interessen. Unsere Interessen zeigen uns, wo wir lebendig sind, wo die Welt uns anspricht, wo uns etwas aus der Welt entgegenkommt, das uns ganz und gar zu faszinieren vermag. Und es ist dann nicht auszumachen, ob uns das, was uns so fesselt, aus der Welt entgegen kommt oder aus unserer Innenwelt. Indem wir unseren wirklichen Interessen folgen und sie auch gestalten, gestalten wir uns selber. Das wiederum erfüllt uns mit Freude – eine weitere Ressource –, vielleicht sogar mit Inspiration mit Leidenschaft. Und da, wo wir unseren Leidenschaften nachgehen können, da sind wir wirklich lebendig. Zu leben heißt, etwas zu haben, was uns mit Leben erfüllt und was uns auch eine Sinnerfahrung gibt. Mit den verschiedenen Gefühlen in Verbindung zu sein, gibt uns das Gefühl der Lebendigkeit in der Beziehung zu anderen Menschen. Und dies gibt uns eine Sinnerfahrung.

Unsere Interessen, aber auch unsere Faszinationen zeigen uns, dass in unserem Leben immer noch etwas aussteht, dass immer noch etwas fehlt. Dies erfüllt uns mit Sehnsucht und mit

Angst. Können wir uns der Angst stellen, dann erleben wir das Ausstehende als das Fremde, das uns herausfordert, aber auch neu belebt. Es sind Ressourcen in jedem Menschen vorhanden und es geht darum, sie dazu zu nützen, das Leben lebendiger zu machen, in einen Entwicklungsprozess einzutreten, durch den unsere Beziehung zu uns selbst und zu den Mitmenschen lebendiger wird. In diesem Prozess wird deutlich, dass wir die Verantwortung für uns und unser Leben nicht an andere Menschen delegieren und nicht verlangen können, dass sie für uns Entscheidungen treffen. Wie groß die Einflüsse von außen auch sein mögen: Es ist unser eigenes Leben, und es gibt nur dieses eine Leben. Besser also, sich nicht als Opfer der Umstände, sondern als Gestalter und Gestalterinnen unseres eigenen Lebens zu verstehen. Natürlich gibt es dabei Herausforderungen und Probleme, aber wir haben auch Möglichkeiten, mit diesen Problemen umzugehen. Dabei geht es immer darum, um das eigene Leben und um die Lebendigkeit zu ringen, in der Beziehung und in der Zugehörigkeit zu anderen Menschen, und letztlich geht es um Sinnerfahrung, wie man es auch vom Individuationsprozess her kennt, wie ihn die Jungsche Schule beschreibt.

Frau Dr. Karin Walter, die Lektorin des Verlages Herder, hat aus verschiedenen Publikationen, veröffentlichten und unveröffentlichten, Texte herausgesucht, die diese grundlegende Überzeugung von mir, dass man nur dieses eine Leben hat, und es so lebendig als möglich, in der Beziehung zu anderen Menschen gestalten sollte, von verschiedenen Perspektiven aus beleuchten. Ich danke ihr sehr herzlich für die Idee und für die Auswahl.

Chancen für neue Erfahrungen

Menschen verändern sich, sie werden älter, reifer, oder auch eigentümlicher, und sie sind doch immer auch dieselben. Jede Form der Psychologie kennt eine Entwicklungspsychologie. Jeder Mensch erfährt Entwicklung an sich selbst: Wir verändern uns im Laufe des Lebens, wir bleiben aber in unserem Empfinden auch dieselben – das wird uns auch von außen, von unseren Mitmenschen bestätigt: Sie nehmen sowohl die Veränderung, aber auch das Gleichbleibende an unserer Identität wahr. Trotz aller Veränderung verlieren wir unsere Identität und das Gefühl der Kontinuität in unserem Leben nicht.

Neue Beziehungen – alte Beziehungsmuster

Obwohl wir uns verändert haben, zum Beispiel selbstsicherer geworden sind, finden wir uns immer wieder verstrickt in gleiche alte Beziehungsmuster: Da tritt etwa eine Autorität auf, und wir fühlen uns klein und dumm – und verhalten uns auch so –, oder wir werden rebellisch. Dann konstelliert sich ein Autoritätskomplex, wir sind nicht mehr frei in unseren Reaktionen, können nicht mehr flexibel und der Situation angepasst reagieren, sondern so, wie wir schon immer reagiert haben. Wir finden keine neuen Verhaltensformen.

Komplexe bewirken eine Wiederholung immer wieder desselben Verhaltens, und dennoch: Neues Verhalten ist möglich. Es kann sich plötzlich einstellen, oder es wird durch eine Therapie ermöglicht. Zwar erleben wir, dass die alten Verhaltensmöglichkeiten auch noch vorhanden sind, doch wenn der Komplex bearbeitet ist, können wir wählen, ob wir altes Verhalten beibehalten oder neues Verhalten erproben wollen.

Typische Menschheitserfahrungen: Wiederholung oder kreative Veränderung?

Auf die existenzielle Erfahrung des Todes reagieren wir alle ziemlich vergleichbar: Es sind immer wieder ähnliche Bilder des Todes, des Jenseits, des Verlassenwerdens, die schon die alten Kulturen kennen, und zum Beispiel in den verschiedenen Totenbüchern, wie beispielsweise den ägyptischen, dargestellt sind. Diese Bilder beschäftigen unsere Fantasie. Die Gefühle, die mit der Erfahrung Tod verbunden sind, können wir nachvollziehen, auch wenn wir nicht in einen anderen Menschen hineinschauen können. Ähnliche Befürchtungen, ähnliche Erwartungen, aber auch vergleichbare Verarbeitungen der Erfahrung „Verlust" im Trauerprozess sind festzustellen. Natürlich ist dieser jeweils individuell eingefärbt: Durch unsere Persönlichkeit und unsere Geschichte mit Bindung und Trennung, durch die Bedeutung des Menschen in unserem alltäglichen Leben, den wir verloren haben, durch die Art des Todes. Und dennoch: Das Typische an der Todeserfahrung eines geliebten Menschen und am Trauerprozess ist seit Tausenden von Jahren ähnlich beschrieben worden: auch im Gilgameschepos.

Dies ist ein Beispiel für eine archetypische Erfahrung: Geschieht darin immer dasselbe oder doch immer wieder neu in der jeweils aktuellen Erfahrung?

Eine Grunderkenntnis der analytischen Psychologie nach C. G. Jung ist, dass die Psyche sich schöpferisch verändert – sie reguliert sich dabei selbst. Sie ist schöpferisch, um aus einem Ungleichgewicht heraus immer wieder in ein Gleichgewicht zu finden, sich jeweils an die Anforderungen von Außenwelt und Innenwelt anzupassen. Dieser schöpferische Prozess ereignet sich zwischen dem Unbewussten und dem Bewusstsein, wobei das Unbewusste meistens auf die Außenwelt projiziert ist: nach C. G. Jung ein Dialog des Bewusstseins mit dem Unbewussten. Der schöpferische Prozess entwickelt sich zwischen zwei Polen, wenn man das Andere, das Gegenüber, das Du – und damit auch den konstruktiven Widerspruch – einbezieht. Hier kann ein echter Dialog stattfinden und sich Neues eröffnen.

Kreativität ist also ein dialogischer Prozess, im Neuen scheint das Alte durch, zwischen dem Alten und dem Neuen entsteht das Andere, die Entwicklung. Im „Dazwischen" findet das Leben vorübergehend immer wieder zu einer neuen Ordnung.

Der schöpferische Sprung wird in der Krise möglich

Der Übergang zwischen Gewohntem und Ungewohntem ist gut beobachtbar in Krisen, die sich besonders bei Lebensübergängen ereignen.

Normative Lebensübergänge werden von der Entwicklungspsychologie oder von der Theorie der Lebensspanne beschrieben. Ein solcher Übergang ereignet sich etwa in der Adoleszenz, im Übergang zum mittleren Erwachsenenalter, oder auch im Klimakterium. Sie sind also typisch für Menschen, sie sind archetypisch – daher sind sie als „normativ" zu beschreiben. Sie haben aber gleichzeitig auch etwas Individuelles. Dieses Individuelle ist wenig vorhersagbar und weitgehend offen. Uns allen sind besondere Übergänge, die mit körperlichen Veränderungen einhergehen, bekannt. Sie sind sozusagen offen-sichtlich. In diesem Zusammenhang wird meistens zwischen einer Aufbruchphase – in der das Gewohnte aufgebrochen und Neues erlebbar wird – und einer Konsolidierungsphase, in der das Neue wiederum zur Gewohnheit wird, unterschieden.

Es gibt aber auch nicht-normative Lebensübergänge, die zum Beispiel durch Schicksalsschläge ausgelöst werden: Das kann der Tod eines Lebenspartners, der Verlust der Arbeit, die Notwendigkeit, sich beruflich umorientieren zu müssen, sein usw. Alle diese Lebensübergänge können sich in einer steten, fast unbemerkten Wandlung vollziehen, oder sie können zu Krisen werden. Krise meint hier eine Situation, in der die Anforderungen des Lebens und die Bewältigungsmöglichkeiten dafür in einem krassen Widerspruch stehen, in der wir uns als in Problemen steckend erleben, die zu bewältigen oder zu überleben uns unmöglich erscheint. Das ganze Leben ist dann auf das Problem eingeengt, das sich in der Krise zeigt. Es fehlt dabei die Überzeugung, Leben gestalten zu können – und das ist ein ganz wichtiger Aspekt unseres Identitätserlebens. Es fehlt auch die Hoffnung auf eine bessere Zukunft oder sogar überhaupt auf Zukunft. Die emotionale und oft auch instrumentelle Einengung sowie der subjektiv empfundene Verlust der Fähigkeit, Leben gestalten zu können, bewirken oft große Angst und Panik, die nicht selten durch Ärger und Wut abgewehrt werden, und den daraus entstehenden feindseligen Handlungen. Angst, Ärger und Wut übertragen sich leicht auf Mitmenschen und zwar auch auf mögliche Helfer und Helferinnen.

Der Ausdruck „Krise" meint, dass sich etwas verändert, indem es sich zuspitzt. Insofern bedeutet sie Höhepunkt aber auch Wendepunkt dieser Situation. Krisen sind Dringlichkeitssituationen, Geburtssituationen, in denen gerade das Entwicklungsthema entbunden werden kann, dessen bisher nicht erfolgte Verwirklichung den jeweiligen Menschen in die Krise getrieben hat. Es ist aber auch möglich, dass die Krise einfach wieder verschwindet, ohne dass sich etwas verändert hat. Oder es kann geschehen, dass in der Folge körperliche Probleme vermehrt auftauchen.

Um von einer Krise zu sprechen, muss die emotionale Gleichgewichtsstörung schwer und zeitlich begrenzt sein. Die normalerweise dieser Person zugänglichen Gegenregulationsmittel sind untauglich oder reichen nicht aus, um sie zu bewältigen. Ich benutze also diesen engen klassischen Krisenbegriff von Caplan,[1] der meines Erachtens präzise Aussagen, auch zum Umgang mit Krisen zulässt.

Zum theoretischen Verständnis der Krise orientiere ich mich am schöpferischen Prozess. Beschreibt man einen schöpferischen Prozess, so taucht immer wieder der Ausdruck der „schöpferischen Krise" auf – und vom Umgang mit dieser hängt letztlich ab, ob ein kreativer Prozess ein Resultat zeigt, ob die Ideen in der Welt verwirklicht werden können, ob sich ein schöpferischer Sprung ereignen kann.

Der schöpferische Prozess wird durch ein Problem ausgelöst, das mit herkömmlichen Mitteln nicht zu lösen ist, das der betreffende Mensch aber unbedingt lösen will. Zunächst wird dann Material im Umfeld des Problems gesammelt, in der Hoffnung, doch noch eine „konventionelle" Lösung zu finden. Irgendwann tritt ein Sättigungsgrad ein, der oder die Suchende ist entmutigt, man wendet sich vom Problem ab, es „gärt" dann in der Person, die es lösen will. Die Theorie der Kreativität nennt diese Phase Inkubationsphase. Hier wird das Problem im Unbewussten bearbeitet. Bewusst fühlen sich die Menschen allerdings frustriert, unfähig, ärgerlich, gespannt, sie zweifeln an ihrem Selbstwert und ihrer Kompetenz. Wird nun in dieser Situation die Angst zu dominierend, die dadurch ausgelöst ist, dass das Selbstwertgefühl in Mitleidenschaft gezogen ist, aber auch dadurch, dass durch das Ausbleiben eines Einfalls Beeinträchtigungen und Verluste befürchtet werden – sie betreffen meist Ansehen, Karriere, Selbstbild –, werden neue Einfälle blockiert, die normalerweise diese Phase beenden. Wir haben es darum mit einem Kreativitätsblock zu tun, der mit Angst im Zusammenhang steht, und der oft auch einer Krisenintervention bedarf. Ist weniger Angst vorhanden, wird die Inkubationsphase durch einen Einfall beendet, der plötzlich oder nach und nach Gestalt annimmt, der dann formuliert und auf seine Tauglichkeit geprüft wird. Das Schöpferische ereignet sich also im Dialog zwischen dem Bewusstsein und dem Unbewussten.

Auch bei Menschen in der Krise „gärt" das Problem. Und es ist regelmäßig ein neues Entwicklungsthema, das ansteht und das integriert werden muss. Besteht aber zuviel Angst vor der notwendigen Veränderung, kann letztlich eine professionelle Krisenintervention nötig werden.

Legt man der Krisentheorie eine Theorie des Schöpferischen zugrunde, dann geht man davon aus, dass bei der Zuspitzung der Krise mögliche neue Lebensthemen unbewusst bereits vorhanden sind, im Sinne einer Selbstregulierung der Psyche, vom Menschen in der Krise aber noch nicht wahrgenommen oder nicht genützt werden können. Sie müssen also entbunden werden, allenfalls in einer Krisenintervention. Die neuen Themen, die jeweils anstehen, können eine veränderte Identität betreffen, die auch ein neues Verhalten im aktuellen Leben erfordert. Sie können auch Lösungen für aktuelle Lebensschwierigkeiten mit sich bringen oder zumindest bewirken, dass gewisse Schwierigkeiten nicht mehr so sehr im Zentrum stehen. Das sich in Entwicklung befindende Thema kann die Krise sogar noch verschärfen: denn eine Entscheidung steht unabdingbar an, der Konflikt zwischen dem, was ist, und dem, was werden könnte, spitzt sich immer mehr zu.

Das Neue ist aber bereits da: Menschen, die ganz und gar von einer Krise erfasst sind, können zum Beispiel Träume haben, die bereits deutliche Hinweise auf Veränderungen geben. Sie können von den Träumerinnen und Träumern jedoch noch nicht wirklich aufgenommen werden. Das Neue muss erst entbunden werden. Diese neuen Lebensmöglichkeiten werden dann oft in der Gegenübertragung der Helfenden wahrgenommen, wie den Gefühlen und Bildern, die der oder die Helfende in Bezug auf den jeweiligen Menschen in der Krise hat. Nicht nur die Angst und die Wut des Menschen in der Krise werden gespürt, sondern oft auch ein Entwicklungsdrang, der in eine gewisse Richtung geht, und der im Gegenüber jeweils bestimmte Fantasien auslöst. Unstatthaft wäre es, würde man in dieser Situation die eigenen Fantasien, die eigene Fantasie dem Menschen in der Krise als den jetzt zu wählenden Weg anbieten. Die Aktivierung der Fantasien kann aber über Ansteckung bewirken, dass der Mensch in der Krise plötzlich auch wieder eine Fantasie hat, plötzlich auch wieder einen Wunsch ans Leben – und dann ist schon viel gewonnen. Dann ist wieder eine Öffnung da, und das Neue wird dann zugänglich.

Übergangsphasen in neue Erfahrungen und Verhaltensweisen

Übergangsphasen haben ihre Eigengesetzlichkeit: Was kurz zuvor noch gültig und verlässlich erschien, muss plötzlich hinterfragt werden. Unzufriedenheit breitet sich aus, zunächst schleichend, Unruhe wird mehr und mehr bemerkbar. Vage zunächst noch stehen neue Zielvorstellungen vor uns, die sich eher in der Kritik an Bestehendem als in neuen Ideen und Plänen äußern.

Zu den Übergangsphasen gehört aber, dass wir das Vertraute, das wir zwar misstrauisch hinterfragen und nörglerisch bekritteln, dennoch nicht loslassen wollen. Es soll zwar alles anders werden, aber das Gewohnte möchten wir dabei doch festhalten, wir möchten Altes und Neues haben. Je mehr wir festhalten, umso mehr müssen wir dieses so Festgehaltene hinterfragen. Dieses gleichzeitige Abstoßen- und Behaltenwollen verursacht eine unangenehme psychische Spannung, die sich erst dann lösen kann, wenn es uns bewusst wird und wir es auch akzeptieren können, dass wir von einer Phase unseres Lebens Abschied nehmen müssen. In unserer Erinnerung wird dann der betreffende Lebensabschnitt noch einmal besonders belebt. Gerade dadurch, dass viele Erinnerungen bildhaft und emotional lebendig in die Erinnerung eintreten und uns deutlich machen, dass es das gelebte Leben ist, was uns selbst ausmacht: etwas, das uns niemand mehr nehmen kann, das immer wieder in der Erinnerung zu beleben ist, können wir auch loslassen. Und dann treten neue Perspektiven in unser Leben.

Wollen wir nicht loslassen, wollen wir unbedingt den alten Zustand aufrechterhalten, dann überfordern wir uns, entfremden uns immer mehr von uns selbst, oder aber wir werden eines Tages resignieren, weil wir uns ja nicht gegen den Fortgang der Zeit stellen können. Versuchen wir, diese Illusion aufrechtzuerhalten, verlieren wir weitgehend die Möglichkeit, unser aktuelles Leben aktiv zu gestalten. Auch die Resignation kann Auslöser für unbewusstes Abschiednehmen werden.

Übergangsphasen sind Phasen der Labilität, mit Angst, Spannung und Selbstzweifeln verbunden; Konflikte, die immer schon zu unserem Leben gehören, Schwierigkeiten, die wir schon immer hatten, werden reaktiviert. Labilität und erhöhte Konfliktanfälligkeit verstärken sich gegenseitig. So macht uns nicht nur der jeweilige Lebensübergang, mit den typischen Anforderungen zu schaffen, zusätzlich können alte Konflikte, alte Lebensthemen neu aufflackern, dadurch aber auch bearbeitet werden. Es ist eine verwundbare Phase, Altes und Neues ist gleichzeitig belebt.

Theoretisch kann man sich vorstellen, dass die Identität dadurch, dass neue Themen ins Leben kommen – ich gehe mit vielen anderen davon aus, dass wir Menschen in einer Entwicklung bis zum Tod stehen –, in eine Phase der Diffundierung gerät, der Ichkomplex ist weniger kohärent als üblich, die einzelnen Lebensthemen sind weniger gut vernetzt.[2] Dadurch genügt die gewohnheitsmäßige Abwehr nicht mehr; Emotionen sind in der Folge deutlicher zu spüren, vor allem nehmen wir die Angst wahr, weil wir in einer Situation sind, die viel Unsicherheit, Verwirrung, Orientierungslosigkeit mit sich bringt. Durch die abnehmende Kohärenz des Ichkomplexes können verdrängte und ruhende Konflikte wieder neu belebt werden. Aber auch neue Entwicklungsthemen können bewusst werden, können Inhalte des Unbewussten, Lebensthemen die anstehen, besser ins Bewusstsein dringen.

Eine Krise kann die Motivation für Veränderung ersetzen, auf dem Höhepunkt der Krise kann besser als sonst verlernt und neu gelernt werden, und der schöpferische Impuls, das neue Thema, das ansteht, kann aufgenommen werden.

An diesem Umschlagspunkt, wo sich eine Krise zuspitzt, sind die Träume, in denen oft die anstehenden Lebensthemen angedeutet sind, leichter zu verstehen als sonst, zum einen wegen der verminderten Abwehr, zum anderen auch deshalb, weil das Leben so sehr auf ein Thema hin ausgerichtet ist.

Wir sind immer mehr als unsere Lebensgeschichte

Die Themen, die bei diesen Übergängen belebt werden, sind archetypische Themen, die aber deutlich von der individuellen Lebensgeschichte, der Beziehungsgeschichte der gesellschaftlichen Situation überformt sind.

Jung beschreibt die Archetypen als die „a priori Determinanten der Imagination und des Verhaltens"[3]. Wir alle erleben den Tod emotional ähnlich, haben vergleichbare Bilder dafür, vergleichbare Rituale des Umgangs mit Tod und vergleichbare Trauerrituale, um die Erfahrung Tod zu verarbeiten. Dies gilt nicht nur für heute, sondern im Kern schon „immer". Archetypen sind Ordnungsprinzipien, Strukturierungsprinzipien, die allen Menschen eigen sind. Sie ermöglichen es, Information und Emotion in sinnvollen Bildern aufzunehmen, und sie regen zu vernünftigem Handeln an. Damit ist keine statische Ordnung gemeint, sondern eine, die sich immer wieder neu vollzieht im Sinne einer Selbstorganisation, wie sie etwa in der Systemtheorie verstanden wird.[4] Diese Organisation liegt in der eigenen Verantwortung.

So ist es möglich, in Traumbildern, die für uns ganz persönlich bedeutsam sind und die mit Strukturelementen angereichert sind, die ihrerseits nur aus unserer persönlichen Lebensgeschichte heraus verstehbar sind (Komplexe), Grundstrukturen und Bilder und damit auch Emotionen zu finden, die in der Geschichte der Menschheit schon gekannt und immer wieder thematisiert und dargestellt worden sind. Dies entspricht der Idee, dass uns Menschen typisch menschliche Schwierigkeiten, typisch menschliche Bilder, Erlebnismöglichkeiten, Emotionen, Verhaltensweisen zu Eigen sind, die allerdings von der je eigenen individuellen Erlebens- und Verhaltensweise sowie von der gesellschaftlichen Situation, der Zeit, in der wir leben, überlagert sind. Wir sind also immer auch mehr als unsere Lebensgeschichte. „Der Archetypus ist eine Art Bereitschaft, immer wieder dieselben oder ähnliche mythische Vorstellungen zu reproduzieren ... Die Archetypen sind, wie es scheint, nicht nur Einprägungen wiederholter typischer Erfahrungen, sondern zugleich auch verhalten sie sich empirisch wie *Kräfte* oder *Tendenzen* zur Wiederholung derselben Erfahrungen. Immer nämlich, wenn ein Archetypus im Traum, in der Fantasie oder im Leben erscheint, bringt er einen besonderen ‚Einfluss' oder eine Kraft mit sich, vermöge welcher der *numinos,* respektive faszinierend oder zum Handeln antreibend wirkt."[5]

Diese archetypischen Vorstellungen sind indessen immer vermittelt durch unsere persönlichen Komplexe und werden durch diese auch individuell eingefärbt. Archetypen gelten als Urbilder – und zugleich als Stätte des schöpferischen Impulses. Sie verkörpern also alte Strukturen, die in sich die Dynamik zu Neuem haben. Da sie alte Strukturen verkörpern, ist deshalb immer auch zu fragen, wieweit diese ideologieverdächtig sind, wieweit sie bestehende Herrschaftsverhältnisse zementieren. Das ist die eine Fragerichtung. Die andere fragt danach, wie weit die Archetypen Unabgegoltenes in sich haben, Fantasieelemente wecken können, die der psychischen Entwicklung des Einzelnen dienen, auf dem Wege der Fantasie vielleicht sogar Erlebnisse ermöglichen, die im konkreten Leben zu wenig erlebt worden sind, und die dann durch die Fantasie überhaupt initiiert, oder zumindest verstärkt werden. Dies sind dann eigentlich schöpferische Impulse. Jung spricht davon, dass der schöpferische Prozess in einer „unbewussten Belebung des Archetypus und in einer Entwicklung und Ausgestaltung desselben bis zum vollendeten Werk" bestehe, wobei „die Gestaltung des urtümlichen Bildes ... gewissermaßen eine Übersetzung in die Sprache der Gegenwart"[6] sei.

„Die ewige Wahrheit bedarf der menschlichen Sprache, die sich mit dem Zeitgeist ändert. Die Urbilder sind unendlicher Wandlung fähig und bleiben doch stets dieselben, aber nur in neuer Gestalt können sie aufs neue begriffen werden. Immer erfordern sie neue Deutung, sollten sie nicht wegen zunehmender Altertümlichkeit ihres Begriffes ihre Bannkraft ... einbüßen"[7].

Wie kann man mit diesem Widerspruch umgehen?

Der Umgang mit Mythen und Märchen gibt uns eine Erklärung, wie die Interaktion von Altem und Neuem verstanden werden kann.

Mythen und Märchen haben einen gleich bleibenden Kern. Die Themen der Mythen und Märchen sind erstaunlich beständig. Blumenberg[8] benennt Mythen als „Geschichten von hochgradiger Beständigkeit ihres narrativen Kerns und ebenso ausgeprägter marginaler Variationsfähigkeit". Sie bearbeiten ein Thema in Variationen. Daher sind sie in ritueller und bildhafter Darstellung immer wiederzuerkennen, geben aber die Möglichkeit, Neues zu erproben und etwas anderes auszuprobieren.

Mit dieser Sicht öffnet sich eine neue Perspektive auf den Mythos und die Märchen: eine existenzielle. Probleme, die im Mythos dargestellt sind, sind die gleichen Probleme, mit denen sich auch heutige Menschen herumschlagen. Oder anders gesagt, man kann die jeweiligen heutigen Probleme im Spiegel des Mythos oder mythischer Elemente sehen. Einerseits bewirkt das die Überzeugung, dass diese Probleme gelöst werden können, es war schon immer so, zum anderen werden durch die mythischen Bilder Fantasiebilder in der eigenen Psyche belebt, die dazu führen, dass eigene Vorstellungen zur Bewältigung einer Lebenssituation erlebbar werden, das Gefühl von Kompetenz und die Emotion der Hoffnung sind damit verbunden.

Prometheus, Gilgamesch, Demeter und viele andere können dann auch als Verkörperungen von auch menschlichen Schicksalen gesehen werden. Im Mythos von Demeter und Persephone, der den schweren Verlust einer Tochter, die damit verbundene Verzweiflung und Wut, und dann die neue Hoffnung abbildet, können zum Beispiel trauernde Menschen sich wieder finden. Dieser Mythos regt an, individuelle Symbolbilder zu finden.

Mit der existenziellen Sichtweise des Mythos geht es nicht mehr darum, ob der Mythos wahr oder falsch ist, rational oder irrational, sondern darum, was er uns heute zu sagen hat. Die Frage ist, ob diese mythologischen Symbole in uns eine Resonanz finden, eine Antwort, ob sie uns zu interessieren und zu nähren verstehen. Können sie das, dann wäre auch der Graben zwischen den „Alten" und uns geschlossen. Der Mythos, in Bildern verdichtet, macht Krisen und Hoffnungen sinnfälliger als die nur verbale Auseinandersetzung, bewegt die Emotionen und wirkte oft dort unmittelbar einleuchtend, wo der kritische Diskurs versagt. Das ist sein Vorteil und seine Gefahr.

Mythen sind Orientierungshilfen, es sind Erzählungen, die uns zu leben helfen. Sie beziehen sich auf Ereignisse in der Vergangenheit, haben aber eine Dauerstruktur, die sich auf Vergangenheit, Gegenwart und Zukunft erstreckt, wie alle Imagination. Versuchen wir solche Erzählungen wirklich auf uns wirken zu lassen, dann befinden wir uns in einem Erzählraum, der gleichzeitig ein Vorstellungsraum ist. Vorstellungen aber sind immer auch sinnenhaft. Sie beziehen ihre Qualität aus allen unseren Sinnen und verbinden sich mit Emotionen. Beschäftigen wir uns mit diesen alten Vorstellungen, wecken sie die Vorstellungen in unserer eigenen Psyche, beleben Bilder, Prozesse, Emotionen, sie befördern das sinnhafte Aufnehmen von Welt. Das wird besonders deutlich, wenn wir mit Märchen arbeiten.[9] Viele Märchen handeln zum Beispiel vom Verlust und dem Wiedergewinn des Wassers des Lebens. Lassen wir uns auf dieses Thema – auch imaginativ – ein, dann werden wir mit Bildern des Wassers, mit Metaphern des Wassers in unserer Vorstellung antworten, Emotionen werden damit verbunden sein – und mehr imaginativ oder auch mehr reflexiv werden wir bald bei der Frage sein, was denn in unserem eigenen Leben dem „Wasser des Lebens" entspricht.

Indem wir mit Mythen bewusst in Beziehung treten, können wir uns die in ihnen angelegten Strukturierungsprinzipien und die Bilderfolgen und Emotionen versuchsweise für das eigene Leben leihen. Die symbolischen Prozesse in Mythen und Märchen wirken wie Übergangsobjekte: Da sie aus dem Schatzhaus der menschlichen Vergangenheit stammen, wobei unsere speziellen Lebenssituationen mit den damit verbundenen Emotionen uns zu den spezifischen Geschichten hinführen, können sie eine symbolische Anregung für unsere spezielle Lebenssituation geben. Das Symbol weckt dann Symbole in unserer eigenen Psyche, und diese müssen dann wieder auf den aktuellen Alltag übersetzt werden. Die Verantwortung für das eigene Leben müssen wir dennoch selber übernehmen, aber wir werden angeregt, belebt, Symbole werden erlebbar, und damit Ausdrucksformen für unser Erleben. Wie sieht das praktisch aus?

Zwischen Altem und Neuem – ein Beispiel

Die 49-jährige Unternehmerin, verheiratet, zwei erwachsene Kinder, kam ursprünglich in Analyse, weil sie – trotz großer geschäftlicher Erfolge – ein „schales Lebensgefühl" nicht los wurde. Dieses Lebensgefühl der Belanglosigkeit hielt sie für einen Ausdruck einer Krise in der Lebensmitte. Diese sei bei ihr etwas verspätet, da sie ja, nachdem die Kinder sie nicht mehr so sehr gebraucht hätten, zuerst das Unternehmen ihres Vaters weiter aufgebaut habe. Die Frau erschien mir selbstbewusst, sehr energisch, drahtig, mager. Etwas verträumte Augen standen in einem Kontrast zum energischen Gesicht und zu der praktischeleganten Kleidung. Das „schale" Lebensgefühl vermittelte sich mir nicht, ich fühlte mich eher ratlos, wusste auch nicht, wo ich „anpacken" sollte. Ich hatte nämlich das Gefühl, dass die Analysandin von mir sehr energisches Zupacken erwartete. Auf Grund dieser Gefühle sprach ich davon, wie wir miteinander arbeiten könnten; dass wir gemeinsam herausfinden müssten, was das Leben von ihr wolle und dass ich ihr dabei behilflich sein könne. Ihre Träume und Fantasien seien dabei hilfreich. Und wir müssten auch aufmerksam sein auf das, was zwischen uns beiden geschehe. Ich schloss meine Rede an die Analysandin mit der Bemerkung, man müsse sich nicht darum sorgen, dass das Gras wachse, denn das Gras wachse selber; doch die Steine könne man schon aus den Feldern herauslesen, damit es besser wachsen könne. Darauf erwiderte sie, falls ich Bedenken hätte, soviel Zeit in sie zu investieren, könne sie das schon verstehen, sie wisse ja auch nicht, ob sie ein „lohnendes Projekt" sei.

Ich frage sie, ob sie denn bereit sei, soviel Zeit und Energie zu investieren.

Wenn ich dazu bereit sei, sei sie es auch, so ihre Antwort. Dieses Gespräch blieb mir zunächst lange in Erinnerung; es kontrastierte mit ihrem energischen Auftreten, mir schien es, als müsste ich ihr eine Daseinsberechtigung verschaffen, ihr bestätigen, dass ihr Leben ein lohnendes Projekt sei. In diesem Abschnitt unseres Gesprächs vermittelte sich mir dann doch ihr schales Lebensgefühl, von dem sie gesprochen hatte.

In der Folge bearbeiteten wir Konflikte mit ihren Kindern, im Zentrum stand dabei ihr Neid auf ihre Tochter, die so selbstverständlich lebte und überall zugriff, wo es etwas zu greifen gab. Die Tochter lebte so gar nicht nach den Moralvorstellungen ihrer Mutter.

Wir versuchten immer wieder, dabei auch eine Verbindung zu ihrer Lebensgeschichte herzustellen. Dabei blieb die Mutter der Analysandin seltsam unbestimmt, eine Frau, die sieben Kinder zur Welt gebracht, zwei davon im Alter von zwei und drei Jahren an Kinderlähmung verloren hatte, ständig am Arbeiten war, immer mit einem Lied auf den Lippen, das sie aber nicht sang, sondern leise summte. Bei näherem Nachfragen ergab es sich, dass es keine bestimmten Lieder waren, sondern traurig anmutende Tonfolgen. Sie erinnerte sich keiner Konflikte mit der Mutter, sie war überzeugt davon, dass es einfach nicht möglich war, mit ihr einen Konflikt zuhaben, weil die Mutter immer nachgab. Der Vater war ein selbstständiger Unternehmer, den sie selten zu Gesicht bekam, als sie größer wurde, sprach er mit ihr über sein Geschäft und lobte sehr ihren unternehmerischen Verstand. Als Zweitälteste war sie die Vertraute ihres Vaters, ihre älteste Schwester fühlte sich eher zur Mutter hingezogen. Sie hatte nach ihrer Lehrzeit immer im Unternehmen des Vaters mitgearbeitet und als er sich vor acht Jahren aus dem Geschäft zurückzog, dieses übernommen und umstrukturiert. Der Vater betrachtete ihre Aktivitäten zunächst mit Skepsis, dann mit zunehmendem Stolz.

Ab und zu brachte sie einen Traum, den wir dann ausgiebig bearbeiteten. Unsere Beziehung war freundlich, ich fragte mich aber immer wieder, weshalb sie denn überhaupt in Analyse komme, ob das die richtige Methode wäre. Sie behandelte mich in etwa so wie eine Mutter, die wohl viele „Kinder" zu versorgen habe. Und sie gab sich Mühe, mich nicht zu belasten. Ich reagierte darauf innerlich aggressiv; ich erzählte ihr, dass ich mir von ihr zu verschont vorkäme, dass mich das ganz kribbelig, aber auch wütend mache. Ob sie sich ihrer Mutter gegenüber so gefühlt hätte? Alle meine Deutungen in dieser Richtung, die mir selber richtig schienen – ich jedenfalls fühlte mich jeweils besser, wenn ich eine solche Deutung wieder einmal ausgesprochen hatte –, wurden von ihr freundlich zur Kenntnis genommen.

In den ersten 45 Stunden der Therapie veränderte sich allerdings ihr Interesse sich selbst gegenüber, sie freute sich, wenn sie einen Traum erinnern konnte, wir arbeiteten jeweils mit Imagination an ihrem Traum, indem ich sie noch einmal bat, sich in die Bilder zu vertiefen und ihre damit verbundenen Gefühle wahrzunehmen. Sie nahm sich mehr Zeit für sich selbst, nahm auch im Umgang mit ihren Familienangehörigen ihre Gefühle besser wahr, sie wurde ihrer Tochter gegenüber etwas toleranter. Sie selber hatte den Eindruck, sie mache gute Fortschritte in der Therapie.

In die 45. Stunde brachte sie einen Traum, der sie sehr erschreckt hatte:

„Ich bin auf einem Platz, mir sollen die Hände abgeschlagen werden. Ich habe eine wahnsinnige Angst, jemand schlägt sie mir auch ab, es tut weniger weh, als ich gedacht habe, aber ich bin ganz verzweifelt: Man kann doch nicht weiterleben ohne Hände."

Nach diesem Traum war sie schreiend aufgewacht und erzählte ihrem Mann den Traum. Dieser meinte, man könne ohne

Hände sehr wohl weiterleben, sie solle jetzt weiterschlafen. Diese Reaktion ihres Mannes empörte sie maßlos, und sie erzählte, sie habe plötzlich Fantasien gehabt, ihm die Hände abzuschlagen. Das hätte sie noch mehr beunruhigt. In der Regel empfand die Analysandin ihrem Mann gegenüber keine Aggressionen, allerdings auch keine Liebesgefühle. Sie war davon überzeugt, sie seien ein ideales Elternpaar gewesen, erotisch laufe nichts mehr, aber sie könnten hervorragend miteinander leben. Eigentlich hatte sie vorgehabt, mich am nächsten Morgen anzurufen, aber als sie sich überlegte, wie ihr Mann auf ihre Angst reagierte, meinte sie, ich würde ihre Angst wohl auch übertrieben finden. So kam sie vier Tage, nachdem sie diesen Traum geträumt hatte, in die Stunde und erzählte den Traum, ruhig und etwas unbeteiligt. Mich beunruhigte er sehr, war es doch von der emotionalen Qualität her eine ganz andere Art von Traum, als sie diese Frau normalerweise träumte. Mein Erschrecken und auch mein Mitgefühl – resultierend aus der plötzlichen Einsicht: Das ist also in diesem Leben das verborgene Problem – wurde von der Analysandin wahrgenommen. Sie sagte: „Ich hätte Sie vielleicht doch anrufen können …" Sie erzählte dann von der Reaktion ihres Mannes, von ihrer Reaktion, warum sie mich nicht angerufen hätte … Wir vertieften uns dann, wie sie es gewohnt war, imaginativ in die Traumbilder.

Der Platz, auf dem ihr die Hände abgeschlagen werden sollten, erinnerte sie an den Kirchplatz des Ortes, wo sie aufgewachsen war, er erinnerte aber auch an den Kirchplatz in ihrem jetzigen Wohnquartier, aber eigentlich sei es auch ein Platz, den es gar nicht gebe, weil es dort keine Umgebung gibt, keine Bäume – es ist alles so kahl, so kalt auch. Der Platz erscheint ihr sehr unheimlich. Es sind keine Menschen anwesend. Es ist unklar, wo ihr die Hände abgeschlagen werden und wer abschlägt: Deutlich ist ihr das Bild, dass sie keine Hände hat, dass sie blutet und sie wird von ihrer Verzweiflung, ohne Hände nicht mehr leben zu können, überwältigt. Zum ersten Mal zeigt sich diese Analysandin verzweifelt und weint. Ich bitte sie, das Lebensgefühl, das mit den abgeschlagenen Händen korrespondiert, zuzulassen und wenn möglich in Worte zu fassen. „Ich kann nicht mehr mit anpacken, ich werde ganz abhängig von anderen Menschen, dann würde ich mich ganz hilflos fühlen. Ich kann nicht mehr zupacken, ich kann niemanden mehr anfassen, niemandem mehr die Hand geben. Ich kann nur noch mit der Sprache auf andere zugehen. Mein Unternehmen könnte ich schon weiter-führen. Ich könnte niemanden trösten mit meiner Hand – auch niemanden schlagen. Aber das tue ich ja sowieso nicht, ich tröste nicht mit der Hand und ich schlage nicht mit der Hand, ich geh doch auch gar nicht auf Menschen zu – und wenn ich es einmal tue, dann schlagen sie mir gleich die Hände ab."

Ich frage nach, wen sie damit meine?

Ihren Mann meine sie, der sie einfach als hysterisch darge-stellt habe, und ihren Bruder, dem sie vorgeschlagen hatte, einen Teil seines Unternehmens, mit dem er Mühe hatte, abzukaufen. Der habe gesagt: „Du brauchst deine Hände nicht auch noch in mein Zeug zu stecken." Das habe er etwa vor einer Woche ge-sagt, es habe ihr weh getan, denn sie habe ihm helfen wollen. Natürlich sei er neidisch auf sie, sie habe ja auch wesentlich mehr Erfolg als er. Dann erinnerte sie sich daran, wie sie als Kind ihrer Mutter bei der Pflege eines Säuglings hätte helfen wollen, und diese gesagt hatte, sie solle da ihre dreckigen Hände wegnehmen.

Und nun folgte Erinnerung auf Erinnerung: nicht mit anpa-cken zu dürfen und auch nicht im Leben zuzugreifen zu dürfen. Als sie tanzen gehen wollte, vergällte es ihr der Vater, indem er es ihr zwar nicht verbot, aber bemerkte, wenn sie halt das Be-dürfnis nach einer so primitiven Betätigung habe, dann könne er nichts dagegen ausrichten. Natürlich wollte sie in den Augen ihres Vaters nicht primitiv erscheinen. Ihr ging plötzlich auf, wie sehr auch sie versucht hatte, ihrer Tochter das Zupacken im Le-ben indirekt zu verbieten, das heißt, es nur im Leistungsbereich zu akzeptieren und zu fördern. Zum ersten Mal empfand sie so etwas wie Hochachtung vor ihrer Tochter, die sich die Hände nicht abschlagen ließ.

Und auch ich hätte ihr die Hände abgeschlagen, ich hätte nicht zugelassen, dass sie mich schonungsvoll behandelt hätte – ich hätte ihre schonende Hand zurückgewiesen. Deshalb habe sie auch nicht gewagt, die Hand nach mir auszustrecken, als sie diesen schrecklichen Traum gehabt habe. Dieses Thema war nun konstelliert, ihre Lebensgeschichte wurde unter diesem Symbol erinnert, und dabei wesentlich emotionaler erinnert als je zuvor. Und auch die analytische Beziehung wurde unter diesem Bild verstanden, etwa in der Fragestellung, ob Therapie einen nicht untüchtig mache und einem also auch die Hände abschlage. Der Komplex der abgeschlagenen Hände war konstelliert, besonders bei ihrem Mann und bei mir reagierte sie überdeutlich auf Einschränkungen oder vermeintliche Einschränkungen. Dieser Komplex konstellierte sich ebenfalls in ihrem Berufsleben.

In der Therapie wurde ich mit einem die Hände abschlagenden Wesen identifiziert, und sie war das Opfer. Ich selber bekam immer unabweisbarer den Eindruck, dass ich nicht mehr zupacken durfte, meine Hand auf wirklich gar nichts mehr legen durfte. Ich sprach von diesem Gefühl und wollte damit eine Beziehung zu ihrem Gefühl herstellen. Das gelang in seltenen Momenten.

Die unbekannte Person, die im Traum die Hände abschlug, wurde in vielen Menschen gesehen, die ihr nicht erlaubten, zuzupacken, zu trösten, zu schlagen, eine handgreifliche Beziehung zwischen ihr und ihnen herzustellen.

Bei dieser Erinnerungsarbeit wurde ihr deutlich, dass sie eigentlich keine Beziehungshände hat – jedoch sehr kräftige Unternehmerinnenhände.

In der 51. Stunde bat ich sie, sich vorzustellen, was sie denn mit ihren Händen alles tun möchte. Ich leitete diese Vorstellungsübung damit ein, dass ich sie bat, ihre eigenen Hände anzufassen, sie zu streicheln, ein Gefühl für sie zu bekommen.

„Ich möchte streicheln mit den Händen, trösten – ich glaube, mit meinen Händen könnte ich manchmal viel besser ausdrücken, was ich fühle, als mit meinen Worten. Wenn ich streicheln könnte. Ich möchte wieder einmal mit einem Menschen Hand in Hand gehen, Wärme spüren, Wärme geben. Das habe ich nur mit meinen Kindern gemacht – bei Erwachsenen fand ich das lächerlich. Jetzt würde ich es nicht mehr lächerlich finden. Finden Sie es lächerlich?"

Ich bestätige ihr, ich fände es nicht lächerlich, sondern im Gegenteil etwas Vertrauensvolles.

Sie spricht dann länger von ihrer Sehnsucht, vertrauen zu können. Überhaupt auch einmal die Hand ausstrecken können und sich eine liebevolle Geste zu stehlen … oder sie sich einfach zu holen. Sie spricht in immer anderen Worten davon, dass sie eine warme Beziehung von Mensch zu Mensch herstellen möchte, bei der sie ihre Zärtlichkeit ausdrücken, aber auch die Wärme eines anderen Menschen spüren könnte.

Dann fällt ihr ein, dass sie auch im Leben besser zugreifen können möchte, anfassen, was sie anfassen möchte, nicht einfach immer bloß tun, was die anderen für richtig halten. Wiederum wird ihr deutlich, wie sehr der Neid auf ihre Tochter auch Herausforderung ist, sich selbst etwas zuzutrauen im Zugriff auf die Welt.

Stimuliert durch meine Intervention, sich vorzustellen, was sie mit den Händen machen möchte, wurde der ganze Bereich der Erwartung, der mit einem Symbol verknüpft ist, belebt. Es wurde sehr viel Sehnsucht nach Leben wach, nach Bildern für ein Leben, das mehr befriedigen könnte.

Zunächst aber wurde dem Erleben der Analysandin immer zugänglicher, dass sie zwar Sehnsucht hat, Hände zu bekommen, dass sie sich aber als eine Frau fühlte, der die Hände abgeschlagen sind. Immer mehr wurde sie auch sensibilisiert auf Situationen, in denen ihr verwehrt war, zuzupacken. Sie spürte aber auch immer deutlicher, dass sie nicht zugreifen konnte, dass sie die Berührungen mit andern und mit der Welt nicht in der Weise gestalten konnte, wie sie es wollte. Die Verzweiflung, die sie jetzt spürte, war nicht mehr laut, aber intensiv.

Auf ihre Frage, ob denn nur sie dieses Problem habe, erzähle ich ihr das Märchen „Das Mädchen ohne Hände." Es ist die Variante, die in den Deutschen Volksmärchen erzählt ist:

Das Mädchen ohne Hände

Es war einmal ein Wittmann, der hatte eine Tochter, die ist immer zu einer Nachbarin gegangen und hat sich dort kampeln (kämmen) lassen und hat dafür bei der Arbeit geholfen. Die Nachbarin war auch verwitwet. Da sagt einmal das Mädchen dem Vater, er soll doch das Wittweib heiraten, und nach langem Hin und Her hat er sie auch geheiratet.

Die Witwe aber hat auch eine Tochter ins Haus gebracht, und wie die beiden nun groß und zum Heiraten waren, sind oft Burschen gekommen und haben um die beiden gefreit. Die Tochter des Mannes war aber die schönere, die haben sie der andern vorgezogen, und das hat dem Weib nicht gepasst. Sie ist nach und nach so eifersüchtig geworden auf ihre Stieftochter, dass sie beschlossen hat, sie umzubringen. Und weil das Mädchen alle Tage seinem Vater das Essen in den Wald getragen hat, hat sich die Alte mit den Räubern zusammengetan und sie dazu überredet, das Mädchen einmal abzufangen und zu töten.

Eines Tages haben die Räuber das Mädchen wirklich angehalten. „Wo gehst du hin?" – „Ich trage meinem Vater das Mittagessen!" – „So geh nur und komm auf dem nämlichen Weg zurück!" Dem Mädchen ist gleich angst geworden, es hatte zu weinen angefangen. „Was kreischst du so?" fragt der Vater. Aber sie traut sich nichts zu sagen und geht den nämlichen Weg zurück.

Da haben die Räuber sie abgefangen und beraten, was sie mit ihr tun sollten. Weil sie aber so geweint hat, haben sie sie doch nicht umbringen wollen. Sie sollten aber der Alten ein Zeichen bringen, drum hat der eine gemeint: „Wir wollen ihr die Augen ausstechen!" Der andere hat gesagt: „Wir werden ihr die Zunge rausreißen!" und der Dritte: „Wir werden ihr die Hände abhacken!" Das haben sie dann gemacht: Sie haben ihr die Hände abgehackt und haben sie laufen lassen.

Das Mädchen ist lange, lange im Wald herumgeirrt und war schon ganz müde und hungrig. Da ist es endlich zu einem Garten mit vielen Obstbäumen gekommen, und weil es ja ohne Hände das Obst nicht hat herunterreißen können, hat es die Äpfel und Birnen auf dem Baum angebissen.

Der Obstgarten hat aber einem König gehört. Wie der einmal in seinem Garten herumspaziert ist, hat er gesehen, dass alles Obst von unten angebissen war, und hat sich gewundert, was für ein Tier das wohl macht? Abends ist er wieder in den Garten gekommen, und da ist das Mädchen gekommen, und wie der Wind einen Ast zu ihm herbläst, beißts in die Birne. Da hats der König angesprochen und gefragt, wie es denn in den Garten gekommen ist.

Das Mädchen ist sehr erschrocken, aber dann hat es dem König erzählt, wie es ihm im Wald ergangen ist und wie die Räuber ihm die Hände abgehackt haben, wie es nirgends was zu essen hat finden können, bis es zu den Obstbäumen gekommen ist. Der König hat gleich gesehen, dass das Mädchen wunderschön war, und es hat ihm Leid getan. So hat ers mitgenommen in sein Schloss, und bald danach hat er es geheiratet.

Nicht lange danach hat der König in den Krieg ziehen müssen, und während er fort war, hat die Frau Zwillinge geboren. Die alte Königin aber hat die Jungs nicht leiden können und hat dem König ins Feld geschrieben, sein Weib hätte ihm einen Hund und eine Katze geboren. Und der König hat das geglaubt und hat zurückgeschrieben: „Schaffts das Weib weg!" Da haben sie der jungen Königin ihre zwei Kinder auf die Brust gebunden und haben sie fortgejagt.

Den ganzen Tag ist sie gewandert und ist arg hungrig und durstig geworden. Endlich ist sie an einen Brunnen gekommen und hat gleich trinken wollen, aber da war draufgeschrieben: „Wer daraus trinkt wird zu einer Hirschkuh!" So ist sie wieder weiter und hat nach einem anderen Brunnen gesucht. Dort hat sie sich hinuntergebeugt und getrunken, da ist ihr eins der Kinder ausgerutscht und beinahe ins Wasser gefallen. Sie hat mit ihrem handlosen Arm nachgegrapscht – da spürte sie, wie ihr im

Wasser die Hand nachwächst. So hat sie den zweiten Arm eingetaucht und auch die andere Hand zurückgekriegt.

Da war die arme Frau sehr froh und ist wieder weitergewandert, und wie es dunkel wurde, ist sie auf einen Baum gestiegen, um nach einem Licht auszuschauen. Sie hat auch von weitem ein Licht gesehen und ist in der Richtung gegangen und endlich zu einem Haus gekommen. Da war die Türe offen, und drin war der Tisch gedeckt mit Speise und Trank, und weil sie sehr hungrig waren haben sie sich gleich darüber gemacht und gegessen und danach haben sie sich schlafen gelegt. Es war auch eine Kuh bei dem Haus und Geflügel, und so haben sie sieben Jahre dort gelebt, ohne dass jemand vorbeigekommen wäre.

Dem König hatte es längst Leid getan, dass man seine Frau fortgejagt hatte. Nach sieben Jahren hat er geträumt, er hätte auf der Jagd seine Frau wiedergefunden. Da hat er sich mit seinem Knecht aufgemacht und ist in den Wald geritten. Er ist auch zu dem Hause gekommen, wo die Frau mit den Kindern war, und hat von ihr Quartier verlangt. Sie hat den König gleich erkannt, aber der König hat sein Weib nicht erkannt, weil sie ja ihre Hände wieder hatte. Sie haben miteinander zu Nacht gegessen, dann haben sich die Gäste gelegt. Das Weib und die Kinder aber haben Federn geschlissen.

Doch dem König sein Knecht ist nicht eingeschlafen, er hat gewacht und gehört, was die Frau mit den Kindern redet. Wie nun der König im Schlaf einen Arm hat herunterhangen lassen, sagt das Weib zu einem der Kinder: „Geh hin und hebe deinem Vater seinen Arm in das Bett!" Der kleine Bub hat den Arm allein nicht heben können, da ist auch der zweite hingegangen und hat ihm geholfen. Dann hat der König seinen Fuß herunterhangen lassen und wieder sagte die Mutter: „Geh hin und hebe deinem Vater den Fuß in das Bett!" Und wieder hat der zweite helfen müssen. Nach einer Weile hat der König seinen Kopf herunterhangen lassen. Die Frau hat wieder die Kinder hingeschickt, aber die haben den Kopf nicht heben können. Da ist die Mutter selbst hingegangen, hat den König auf die Stirn geküsst und den Kopf ins Bett gehoben.

Am andern Morgen ist der König mit seinem Knecht wieder auf die Jagd gegangen, und unterwegs hat der Knecht ihm erzählt, was er in der Nacht gehört hatte. Da sind sie abends wieder in das nämliche Häuschen zurückgekehrt und haben nochmals um Nachtquartier gebeten. Das Weib hat sie freundlich aufgenommen und hat ihnen ein gutes Nachtmahl gekocht. Nach dem Essen hat sich der König gelegt, hat sich aber nur schlafend gestellt und dabei seine Hand herunterhangen lassen. Da hat er hören können, wie die Frau sagt: „Geh hin und hebe deinem Vater seinen Arm in das Bett!", und weil der eine Bub den Arm nicht hat heben könne, hat der andere ihm geholfen.

Danach hat der König wieder den Fuß herunterhangen lassen, und wieder hat die Frau die Kinder hingeschickt. Zuletzt hat der König den Kopf heraushangen lassen, da ist die Frau selbst gekommen, hat ihn geküsst und ihm den Kopf ins Bett gehoben.

Jetzt hat der König die Augen aufgetan und hat gefragt, woran sie ihn erkannt hätte und ob sie wirklich seine Frau wäre. Da hat sie ihm die Narben an ihren Armen gezeigt, und der König hat sogleich seinen Knecht heimgeschickt um die königliche Kalesche. Dann ist er mit Frau und Kindern heimgefahren, und sie haben fortan glücklich miteinander gelebt.

Dieses Märchen ist weit verbreitet, und besteht in der Regel immer aus den folgenden Erzählteilen:
1. Der Heldin werden die Hände abgeschnitten, weil
   – sie ihren Vater nicht heiraten will.
   – ihr Vater sie dem Teufel verkauft hat.
   – sie Almosen gibt, obwohl der Vater es verboten hat.
   – die Schwägerin eifersüchtig ist und sie verleumdet.
   – die Stiefmutter eifersüchtig auf sie ist (selten Mutter).
2. Die Heldin verlässt den Ort ihrer Qual und kommt an einen Königshof etc. Der König heiratet sie.
3. Sie wird schwanger, zur Zeit der Geburt muss der König in den Krieg ziehen.
   Sie wird ein zweites Mal ausgestoßen, weil die Schwiegerel-

tern (oder: ihr Vater, ihre Mutter, ihre Schwägerin, der Teufel) Briefe vertauschen oder falsche Informationen geben.

4. Nach einer längeren, harten Wanderschaft im Wald wachsen durch ein Wunder die Hände wieder nach. In der Regel geschieht die im Zusammenhang mit der Pflege oder der Sorge um die Kinder.

5. Der König kommt aus dem Krieg zurück und sucht seine Frau und die Kinder. Er findet sie.

Im Märchen wird geschildert, dass aus verschiedenen Situationen heraus das Lebensgefühl entstehen kann, dass einem die Hände abgeschlagen werden und man dann ohne Hände durchs Leben gehen muss.

Die brutale Tat hat zur Folge, dass man sich aufmacht, in die Welt hinausgeht – zunächst verzweifelt, ohne Hoffnung auf eine Lösung, und dass man sich einfach einmal notdürftig behilft. Immerhin geraten diese Frauen allesamt in einen Garten, in dem sie sich ernähren können, treffen einen Prinzen, mit dem sie sich verbinden.

Aber so einfach ist das Problem nicht gelöst: Das alte Problem macht sich bemerkbar, die alten Komplexbereiche werden wieder reaktiviert, um bearbeitet zu werden. Die neuen Lebensmöglichkeiten, ausgedrückt in den geborenen Kindern, sind zwar vorhanden, eine Entwicklung hat stattgefunden, noch aber sind die Hände nicht nachgewachsen.

Das alte Problem kann gelöst werden. Erst in der Hingabe an die Kinder, durch das Selber-Zupacken, manchmal auch durch den Willen, die Kinder um keinen Preis auch noch zu verlieren, wachsen die Hände nach,. Es geschieht sozusagen durch das Vertrauen ins Leben. Bemerkenswert ist, dass es in diesem Märchen nicht möglich zu sein scheint, Hand in Hand mit dem Partner, von dem man gefunden wurde, zu leben, sondern dass man noch einmal in die Einsamkeit, die in der Regel sieben Jahre dauert, zurück muss. Man wird, sieht man diesen Märchentypus an, den Gedanken nicht los, dass gerade das Verbindende unter Menschen, das durch die Hand symbolisiert wird, geopfert werden muss, als wären die Hände zuvor zu sehr bereit gewesen, sich auszustrecken – in der Mehrzahl der Märchen zum Vater oder zum Bruder hin.

Während ich der Analysandin das Märchen erzählte, bat ich sie, die Bilder des Märchens sich in leicht entspanntem Zustand vorzustellen.

Die Analysandin war zunächst sehr überrascht, dass ihr Traummotiv ein oft vorkommendes Märchenmotiv ist. Ganz erstaunt bemerkte sie: „Im Märchen gibt es ja eine Lösung – und was für eine verrückte. Die muss bloß aufhören zu glauben, dass sie nicht zupacken kann."

Am meisten beeindruckte sie, dass der Vater nicht auf die Gefühle der Tochter einging, und deshalb auch nicht spürte, dass sie wirklich in Gefahr war. Sie reagierte darauf zunächst mit Bedauern, dann mit Wut. Wieder wurden verschiedene Lebenserinnerungen wach. Dann beschäftigte sie über längere Zeit die Situation, in der die Mutter einen solchen Durst hat, dass sie einfach trinken muss, die Kinder dabei ins Wasser rutschen und sie vergisst, dass sie keine Hände hat.

Diese Szene gestaltete die Analysandin immer wieder imaginativ nach; zunächst hatte sie den Eindruck, einfach nachzuimaginieren, was das Märchen vorgab. Obwohl sie das nicht wollte, es emotional unehrlich fand, konnte sie sich von diesen Bildern nicht lösen. Manchmal würden ihr diese Bilder sogar während Geschäftssitzungen aufsteigen, und in ihr ein Gefühl des Glücks auslösen.

Plötzlich verstand sie auch, dass das Mädchen ohne Hände nicht am Königshof bleiben konnte, weil es nicht für sich und seine Kinder einstehen konnte, sich also nicht nehmen konnte, was ihm zustand. Deshalb konnten auch die alten Stimmen in ihm, die ihm keine Berechtigung gegeben hatten, sich mit den Händen nach seiner Weise dem Leben zu nähern, zuzugreifen, sich wieder erheben.

Diese Überlegungen brachte sie mit ihrer aktuellen Situation in Beziehung: Immer wieder hatte sie den Eindruck, irgendjemand schlage ihr die Hände ab. Je mehr nun aber in ihrem emotionalen Erleben die Gewissheit aufkam, dass man zugreifen kann, wenn man sein Herz ganz und gar an etwas gehängt hat, und dieses zu verlieren droht, je mehr sie auch in der Imagination einsam mit den Kindern durch Wälder zog, sich dabei auch klar wurde, was denn im Moment ihre Kinder sind (z. B. die neu erwachte Zärtlichkeit zu Menschen, zu Tieren, zum Leben), umso weniger meinte sie, jemand schlage ihr die Hände ab, umso öfter sprach sie davon, dass sie sich in gewissen Situationen die Hände binden ließe.

Seit wir uns mit dem Märchen beschäftigten, war in der therapeutischen Situation, eine Veränderung eingetreten. Die Vorwürfe, ich würde ihr die Hände abschlagen, tauchten nicht mehr auf. Wir waren beide auf das Märchen bezogen.

Sie wurde wesentlich unabhängiger von meinem Urteil – oder von dem, was sie für mein Urteil hielt. Sie wurde dadurch, zunächst im therapeutischen Raum, viel zupackender, viel eindeutiger und auch sehr viel zärtlicher. Das übertrug sich dann leicht auf ihr Leben außerhalb der Therapie. Das schale Lebensgefühl war gewichen, die Analyse wurde auf Wunsch der Analysandin fortgesetzt, sie war neugierig geworden auf sich selbst.

Wenn vergleichbare Symbole in der Psyche eines Menschen aktiviert werden und es gelingt, sich auch in einer emotionellen Weise auf die Bilder des Märchens und der Mythen einzulassen, erlaubt die Arbeit mit Märchen und Mythen es, sich Bilder und Bildentwicklungsprozesse von diesen mythologischen Motiven zu leihen. Diese wiederum stimulieren die eigene Fantasie und machen es möglich, dass sich der Aspekt der Hoffnung, der sich in diesen Geschichten ausdrückt, überträgt. Die betreffende Person bekommt eine Gewissheit, dass Probleme lösbar sind, dass es gerade für ihr Problem auch Lösungen gibt. Insofern hat die Arbeit mit Märchen und Mythen die Funktion eines Übergangsobjekts, anstelle der persönlichen Mutter steht so etwas wie ein kollektiv menschlicher Mutterboden. Hier steht eine Fülle von Bildern zur Verfügung, die uns in den persönlichen

Lebensprozessen Anregung geben können, wie Leben zu bewältigen ist. Dabei ist es selten so, dass ein Prozess einfach kopiert wird – das geschieht manchmal zu Beginn –, sondern es werden wirklich eigene Fantasieprozesse stimuliert, die das Lebensgefühl verändern, die Emotionen ansprechen und deshalb auch geeignet sind, Veränderungen im alltäglichen Verhalten herbeizuführen.

Das Neue im Alten: Das Entscheidende entsteht im „Dazwischen", zwischen Menschen, zwischen dem Alten und dem Neuen. Wenn sie dialogisch aufeinander bezogen sind, entsteht Resonanz – und das ist wohl die Kreativität im Sinne einer fortwährenden Schöpfung, einer „Creatio Continua".

Energiequelle „Ärger"

Fragen wir heute Erwachsene nach Situationen, die Ärger auslösen, dann geht es fast immer um Angriffe auf das Selbstwertgefühl, darum, dass man sich nicht wirklich wahrgenommen fühlt, dass einem der Respekt versagt worden ist. Oder man hat mit Anforderungen der Umwelt zu kämpfen, die einem als ungerechtfertigt erscheinen, man kommt sich ausgenützt vor. Noch andere beklagen Grenzüberschreitungen auf körperlicher Ebene, dass andere sich etwa eine Nähe herausnehmen, die ihnen falsch erscheint. Dieser Aspekt des Angriffes auf das Selbstkonzept, der zwar immer auch in der Ärgerforschung mitbedacht worden ist, ist heute zentral wichtig geworden. Wir ärgern uns vor allem dann, wenn wir uns in unserer Integrität nicht gesehen, nicht respektiert fühlen und wir dann das Gefühl haben, wir müssten unsere Grenzen neu bestimmen, neu setzen und dafür sorgen, dass sie auch respektiert werden.

Ärger ist die Emotion, die zur Grenzbereinigung und zum richtigen Abstand anregt. Wir Menschen haben die Tendenz, unsere Grenzen auch immer einmal zu erweitern. Und wenn wir dabei Widerstand bekommen – da alle Menschen dieselbe Tendenz haben, ist es nur logisch, dass es Widerstand gibt –, dann ärgern wir uns. Es ist darüber hinaus für uns Menschen auch ganz wichtig, dass wir unsere Grenzen aufrechterhalten, dass unsere Mitmenschen nicht einfach uneingeladen Grenzüberschreitungen machen dürfen. Aber auch wenn uns etwas versagt wird, worauf wir einen Anspruch zu haben meinen, werden wir ärgerlich. Wir sind es meist gewohnt, ein gewisses Maß an Zuwendung zu bekommen – das ist dann auch eine Grenze, die wir gesetzt haben –, entfällt diese Zuwendung, werden wir ärgerlich.

Besonders wenn die Verlassenheitsangst aktiviert oder reaktiviert wird, reagieren wir mit Ärger und Wut. Wir werden auch dann ärgerlich, wenn Menschen von uns etwas verlangen, was wir in keiner Weise bereit sind zu geben, eine Grenzüberschreitung. Ärger fordert uns heraus, grenzbewusst zu werden und uns immer wieder zu überlegen, wo wir unsere Grenzen neu wieder setzen. Ärger hat also etwas zu tun mit Grenzkonflikten, hier interpersonell verstanden und nicht auf Nationen ausgeweitet, was allerdings auch möglich wäre.

Ärger auslösende Ereignisse sind unspezifisch. Die ärgerauslösenden Ereignisse können generell als Grenzverletzungen gesehen werden, sind aber unendlich vielfältig. Es gibt ganz vieles, was Ärger auslösen kann. Sie können sich selber einfach einmal fragen, was bei Ihnen Ärger auslöst. Erfahrungen, die Ärger auslösen, in einer Gruppe gesammelt, sind etwa: das Gefühl, entwertet zu werden, die Erfahrung, dass Zuwendung entzogen wird, Unsicherheit in einer Beziehung, Beleidigtwerden, Beschimpftwerden, Übervorteiltwerden, ungerecht behandelt werden, Missbrauchtwerden, Ausgenütztwerden, dann aber auch absichtlich Schmerz zugefügt bekommen, den Platz im Leben beschnitten zu bekommen, nicht bekommen, was einem zusteht usw. Weiter gibt es auch einen Ärger, der weniger persönlich mit uns etwas zu tun hat, sondern damit, dass jemand einen Wert verletzt, der für uns wichtig ist. Wir können uns zum Beispiel über Politiker ärgern, die sich nicht so benehmen, wie wir es uns vorstellen. Ärger hat viel damit zu tun, dass andere Menschen sich nicht so benehmen, wie wir es uns wünschen, dass sie sich benehmen sollten.

Regelverletzungen lösen Ärger aus, besonders dann, wenn sich andere Menschen nicht an Regeln halten, an die wir uns mühsam halten. Oft merken wir übrigens erst, welchen Regeln wir folgen, wenn sie verletzt werden. Werden Regeln verletzt, können wir mit Ärger reagieren, wir sagen dann, es sei unfair, es sei ungerecht.

Ärger und Wut erleben wir aber auch bei Angriffen körperlicher Art, bei Übergriffen, bei ungewollter, zu großer physischer Nähe und wenn uns Schmerzen zugefügt werden. man kann also sagen, was Selbsterhaltung und Selbstentfaltung stört oder beeinträchtigt, und zwar körperlich, psychisch und sozial, das löst Ärger oder Wut aus. Und eine der Möglichkeiten damit umzugehen, ist dann eine feindselige Handlung. Ob diese feindselige Handlung zustande kommt und wie sie zustande kommt, hängt einmal davon ab, wie wichtig zum Beispiel die Situation oder der Mensch für uns ist, der uns in der Selbsterhaltung und Selbstentfaltung stört, und vom Zustand unseres Selbstwertgefühls oder unseres Selbst ganz allgemein.

Aber auch Alltagsfrust löst Ärger aus oder das Unterbrechen von etwas, das uns mit Freude und Interesse erfüllt. Haben wir das Gefühl, dass eine Arbeit oder das Leben als solches einfach fließt, alles fast wie von selbst sich ergibt, ohne große Anstrengung, dann ist eine Störung ein Ärgernis. Diese Aufzählung ist in keiner Weise vollständig, zeigt aber, dass man sich in vielen Situationen ärgern kann. Ärger kann auch verstanden werden als Missvergnügen dort, wo man Vergnügen haben möchte, bei der Selbsterhaltung und der Selbstentfaltung.

Es gibt also viele Situationen, die Ärger auslösen. Grundsätzlich kann man sagen, er ist eine Reaktion auf irgendeine Enttäuschung und Beeinträchtigung, aber er ist auch eine Energiequelle. Ärger energetisiert, und deshalb sind wir im Ärger auch rasch bereit zu handeln. Wenn wir uns so richtig ärgern, dann fühlen wir eine Spannung, wir sind vorbereitet auf eine Aktion. Wir sind motiviert, etwas zu tun, um die Situation zu verändern. Ohne den Ärger wäre das viel schwieriger. Durch die Spannung haben wir mehr Kraft, mehr Konzentration für einen Moment als sonst, das Selbstwertgefühl ist besser als sonst, wir haben das Gefühl, unverletzlicher zu sein. Wir wagen mehr: Dieses energetisierende Moment, das im Ärger enthalten ist, kann uns helfen, mit der Enttäuschung oder der Beeinträchtigung, wie ich es nun einmal pauschal nenne, konstruktiv umgehen zu können.

Ressourcen finden,
wenn die Angst dominiert

Zu den Krisen, die einen Menschen im Leben treffen können, gehören auch lebensbedrohliche Krankheiten wie eine Krebserkrankung. Krisen im Zusammenhang mit einer Krebserkrankung können sowohl bei der erstmaligen Diagnose Krebs auftreten und dann vor allem – und meistens wesentlich akuter – bei einem Rezidiv, verbunden mit der generellen Verschlechterung des Zustandes. Sie können aber auch im Zusammenhang mit Problemen im Bereich der zwischenmenschlichen Beziehungen auftreten, in der Familie, aber auch in der Beziehung zu Ärzten und Ärztinnen oder dem Pflegepersonal. Krisen, wenn es denn Krisen sind, treten auf, wenn die neue Lebenssituation nicht mehr geleugnet werden kann.

Von einer Krise ist dann zu sprechen, wenn ein belastendes Ungleichgewicht zwischen der subjektiven Bedeutung eines Problems und den zur Verfügung stehenden Bewältigungsmöglichkeiten entstanden ist. Diese Dynamik führt zu einer immer größer werdenden Einengung des Lebens hin, verbunden mit immer größer werdender, offener oder verdeckter Angst. Es kann an nichts anderes mehr gedacht werden als an das zu bewältigende Problem. Wir erleben fast ausschließlich die Emotionen, die mit diesem Problem verbunden sind, in der Regel Angst und Verzweiflung. Gegenregulationen sind nicht mehr möglich. Es ist zum Beispiel nicht mehr möglich, das Problem ruhen zu lassen und etwa Musik zu genießen. Die Krise im eigentlichen Sinn bezeichnet einen Höhepunkt, einen Wendepunkt, einen Umschlagspunkt in dieser zunehmenden Einengung. In dieser Situation ist mehr Angst als gewöhnlich auszumachen, es ist aber auch eine größere Nähe zum Unbewussten, zu neuen Ideen, aber auch zu Mitmenschen vorhanden, falls die Krise nicht gerade darin besteht, dass man sich total abschottet. Entweder kann der Mensch in der Krise selber mit seiner Angst umgehen, so dass neue Ideen auftauchen – und damit Hoffnung, oder er findet jemanden, der ihn oder sie entängstigt (Krisenintervention), und es setzt eine Entlastung ein, oder aber die Krise verschwindet nach einiger Zeit, man hat sich an das Problem gewöhnt, ohne es auch nur in etwa zu lösen. Die Chance ist vertan.

Krisenhaft spitzt sich die Situation im Zusammenhang mit einer Krebserkrankung dann zu, wenn eine verstärkte Bedrohung erlebbar wird und das Ausmaß dieser Bedrohung nicht eingeschätzt werden kann, damit im Zusammenhang der Eindruck entsteht, keinen oder nur noch wenig Einfluss auf das eigene Leben nehmen zu können. Die Hilflosigkeit nimmt überhand, das Selbstvertrauen schwindet vorübergehend, die betroffenen Menschen sind im Selbstwertgefühl verunsichert. Mit anderen Worten: Die Angst nimmt überhand – und Umgehen mit der Krise bedeutet, Umgehen mit der Angst, den Menschen in der Krise entängstigen, soweit das möglich ist. Angst erleben wir dann, wenn wir uns von einer Gefahr ergriffen fühlen, wenn wir uns bedroht fühlen oder ein bedrohliches Ereignis erwarten.

Die Angst hat viele Gesichter …

„Ich habe eine ungeheure Angst", sagen die einen. „Ich kann alles ertragen, nur nicht den Verlust der Haare. Wenn ich mir vorstelle, wie ich ohne Haare einkaufen gehen muss, ich könnte jetzt schon in den Boden versinken." Wieder andere: „Ich habe plötzlich eine riesige Angst vor den Spritzen – das hatte ich doch noch nie!" oder: „Ich habe überhaupt keine Angst, aber mein Partner/meine Partnerin ist voll Angst. Sie arbeiten besser mit ihm oder mit ihr!" „Ich weiß überhaupt nicht, was ich jetzt alles machen soll und muss, ich habe Angst, etwas Wichtiges zu verpassen, und dann wäre der Onkologe bestimmt sehr sauer …"

Diese Aufzählung könnte weitergeführt werden. Die Angst kann auch gebunden sein in der verzweifelten Frage: „Warum ich?" und den meist damit verbundenen Schuld- und Schamgefühlen. Gerade wenn diese Frage „Warum ich" nicht weicht, konstant und konsequent immer gestellt wird – ohne dass daraus ein Schuldgefühl sich ableiten ließe, ist daran zu denken, dass diese an sich natürlich berechtigte Frage als Container für die existenzielle Angst wirkt.

Auch hinter einer großen Wut auf das Schicksal kann sich die Angst verbergen. Natürlich haben die Patienten durchaus Grund, auf das Schicksal wütend zu sein, es ist eine vitale Reaktion auf die Lebensbedrohung und weckt die kämpferischen Seiten. Es gibt aber eine Wut, die sich auf die ganze Mitwelt überträgt und sich auch gegen den wütenden Menschen selber wendet, die destruktiv ist und lähmt.

Nicht etwa die Angst vor dem Tod oder vor einem unwürdigen Sterben wird zunächst thematisiert, die Angst bindet sich an eine konkrete Lebenssituation, an den Verlust der Haare etwa, an die Spritzen, an die Behandlung – oder sie wird delegiert: Die Angehörigen haben Angst. Das alles sind Versuche, mit der Angst umzugehen. Und in ihnen liegt auch die Chance, sie als Anfang zu nehmen für Geschichten über die Angst. Soll der Mensch in der Krise entängstigt werden, so bedeutet das nicht, dass die Angst weggenommen wird, sondern dass er oder sie möglichst produktiv mit der Angst umgehen kann. Dann muss es möglich sein, über die Angst so zu sprechen, dass letztlich das Gefühl der Hilflosigkeit weniger wird und das Selbstvertrauen wieder mehr und dass das Vertrauen in die eigene Kompetenz und damit in den eigenen Selbstwert wächst.

Das Umgehen mit der Angst

In der Angst selber liegen viele Ansätze, um mit ihr umzugehen. Einige sollen hier zunächst nochmals benannt werden, bevor es daran geht, über die Angst zu sprechen.

Angst äußert sich als körperliche Spannung, alle Methoden zur Entspannung können auch zur Entängstigung beitragen. Angst setzt dann ein, wenn wir eine komplexe, mehrdeutige Gefahrensituation wahrnehmen. Das erfüllt uns mit Ungewissheit – und die Angst lässt uns Gewissheit suchen. Es ist daher sinnvoll, kranke Menschen so umfassend und so verständlich als möglich über ihre Krankheit zu informieren. Gerade das aber ist bei der Krebskrankheit sehr schwierig, der Verlauf der Erkrankung kann nicht präzis vorhergesagt werden, zudem haben nicht selten verschiedene Ärzte verschiedene Behandlungsideen. Es wäre aber auch sinnvoll, dass wir Menschen uns klar machen würden, dass im Leben sehr vieles ungewiss ist und dass es sinnvoll wäre, diese Ungewissheit als zum menschlichen Leben gehörend – auch als Voraussetzung für schöpferische Prozesse – zu akzeptieren.

Wir versuchen Angst zu kontrollieren, indem wir bestimmte Abwehrmechanismen (Bewältigungsmechanismen) einsetzen, etwa die Delegation: Der andere Mensch hat dann die Angst, nicht ich. Und wenn ich meinen Partner entängstige, entängstige ich auch mich ein wenig. Wir sind nicht nur fähig, in einem gewissen Rahmen mit solchen Abwehrmechanismen unsere Angst zu kontrollieren. Angstkontrolle findet auch im gesellschaftlichen Rahmen statt, wir kontrollieren bestimmte Gefahren, etwa durch Vorschriften und Gesetze. Wir haben dann aber Angst, einen Strafzettel zu bekommen, weil wir zu schnell durch eine verkehrsberuhigte Zone gefahren sind, statt dass wir uns davor ängstigen, ein spielendes Kind zu überfahren … Bei Krebskranken kann diese „Gefahrenkontrolle" darin bestehen, dass rigide Diätvorschriften kreiert und dann in der Folge sklavisch eingehalten werden, dass Anweisungen zum Beispiel zu Imaginationsübungen als „Gesetze" verstanden werden, an die man sich halten muss – und solange man sich daran hält, geschieht nichts Schlimmes, wehe aber, man hält sich nicht daran. Verschlechtert sich der Zustand, dann hat man offenbar sich nicht genug Mühe gegeben.

Angst haben wir erst dann, wenn wir uns angesichts einer bedrohlichen Situation hilflos fühlen – und das lässt uns Hilfe holen: Wir brauchen andere Menschen, Mitmenschen, die uns in dieser Situation helfen. Es ist allerdings in dieser Situation durchaus charakteristisch, dass der helfende Mensch nun leicht in die Rolle einer Autorität gerät, nicht mehr Hilfe zur Selbsthilfe anbietet, sondern die Sache in die Hand nimmt. Das aber wiederum verstärkt auf die Dauer gesehen bei dem Hilfesuchenden das Gefühl, die Kontrolle über das eigene Leben verloren zu haben und beeinträchtigt das Selbstwertgefühl, was wiederum noch anfälliger macht für das Erleben von Angst.

Wird die Bedrohung aktuell erlebt, dann müssen diese damit verbundenen Befürchtungen analysiert werden – zusammen mit anderen Menschen. Man wird sich fragen, ob die Bedrohung wirklich die ist, die man sich vorstellt, oder ob vielleicht darin auch ein lebensgeschichtlicher Überhang auszumachen ist. So kann etwa eine alte Autoritätsangst in dieser Erfahrung wieder zum Vorschein kommen, die weniger mit dem behandelnden Arzt zu tun hat als mit den Autoritäten, die in der Kindheit erlebt wurden.

Im Zusammenhang mit der Bedrohung ist immer auch ein Wert in Gefahr. Wirksam Angst bekämpfen können wir zum Beispiel dann, wenn wir einen bedrohten Wert durch einen höheren Wert ersetzen können. Hat jemand Angst, das Gesicht zu verlieren, dann ist es sinnvoll zu fragen, ob es vielleicht nicht einen höheren Wert gibt, der sich dann gegen die Angst als wirksam erweist. Ist allerdings der Wert des Lebens in Gefahr, dann ist es schwierig, einen höheren Wert zu finden – und doch wird immer wieder einer gefunden und muss einer gefunden werden: Es geht nämlich um Leben jetzt, um das Leben, das noch bleibt und nicht total von der Krankheit dominiert wird.

Das Sprechen über die Angst

Die meisten Ansätze zur Angstbewältigung, die in der Emotion Angst selber stecken und die auch die verschiedenen psychotherapeutischen Schulen begründet haben, gehen davon aus, dass

Angst mit anderen Menschen zu teilen eine gute Möglichkeit ist, sich zu entängstigen. Und Angst zu teilen, das bedeutet, über die Angst zu sprechen.

Das ist aber gar nicht so einfach: Angst macht nämlich oft sprachlos, und zwar nicht nur den Menschen der von der Angst ergriffen ist, sondern auch Helferinnen und Helfer. Die Angst des Krebspatienten oder der Krebspatientin und die Sprachlosigkeit der Ärzte bedingen sich gegenseitig. Auch in der psychotherapeutischen Begleitung, bei der die Angst ja ein zentrales Thema ist, besteht dieses Problem.

Ein Beispiel

Eine 40-jährige Frau mit einem metastasierenden Brustkrebs sagt, nachdem sie erfahren hat, dass eine Therapie nicht angeschlagen hat: „Jetzt habe ich einfach wahnsinnig Angst." Ich als Therapeutin fühlte mich wie gelähmt, finde alles, was ich dazu sagen könnte, unendlich banal – habe die Wahl zwischen Schweigen oder einem abwehrenden Fragen oder Erklären. Ich verstehe meine Reaktion als Gegenübertragung, als emotionale Reaktion auf die Situation der Patientin, in diesem Falle als Ansteckung durch ihre Gefühle, nicht so sehr in der Emotion der Angst als solcher, sondern im Gelähmtsein durch diese Angst. Ich spürte, dass ich gar keine Lust hatte, mit der Patientin über diese Angst zu sprechen. Während ich mir diese Überlegungen machte und mir sagte, dass ich jetzt empathisch mit mir in dieser Situation umgehen müsse, um auch empathisch mit der Patientin umgehen zu können, sagte sie: „Am liebsten würde ich die Angst totschweigen. Aber ich weiß ja, dass die Angst weniger wird, wenn wir über sie reden."

Wir sprechen dann über die Lähmung, die die Angst auslöst, über den Totstellreflex, über die irrige Hoffnung, dass die Angst weggeht, wenn wir nur nicht hinschauen. Ein Gespräch über das nicht Sprechenwollen und -können über die Angst ist oft der Anfang des Redens über die Angst. Es gibt nicht viel zu sagen in der Angst, außer dass alles gelähmt ist – zunächst einmal. Die

Angst der Menschen in der Krise steckt in der Regel immer die helfenden Menschen an, und das Ausmaß der erlebten Angst der Helfer und Helferinnen entscheidet darüber, ob man in der Lage ist, den betreffenden Menschen zu entängstigen. Es ist aber oft nicht die Emotion, die erlebt wird, sondern die Folge davon: Lähmung oder Aktionismus. Es besteht eine große Gefahr, dass wir Angst abwehren, indem wir furchtbar viel in Gang setzen und viele äußere Probleme meistens auch noch gleichzeitig lösen wollen. Dieses „alles" und „gleichzeitig" lösen zu wollen weist darauf hin, dass Angstabwehr im Spiel ist, eine Angstabwehr, bei der die Patienten gerne mitmachen, weil sie froh sind, wenn die Angst möglichst rasch gebannt ist. Nun gibt es Situationen, in denen man wirklich einiges klären und damit die Menschen entängstigen kann, aber nicht „alles gleichzeitig". Das gilt zum Beispiel in Situationen, in denen jemand Angst hat, die Arbeit zu verlieren, oder sich wegen zunehmender Verschuldung in immer dubiosere Situationen hineinverwickelt. Bei einer Krise bei einem krebskranken Menschen wird das eher nicht möglich sein. Sprechen über die Angst kann man nur mit Menschen, die selber die Angst aushalten können, die sie nicht oder nur vorübergehend abwehren müssen, und die auch mit ihrer Angst umgehen können. Mit der Angst umgehen zu können meint, diese zu spüren samt der Hilflosigkeit angesichts des Todes, sich dann von ihr distanzieren und tun, was angesichts dieser Hilflosigkeit noch möglich ist: dabei zu bleiben. Mit der Angst umgehen zu können heißt auch, dem betreffenden Menschen in seine Gedanken, Fantasien, Entwicklungen zu folgen. Fasst er oder sie einen frühen Tod ins Auge, dann müssen auch wir das zunächst tun und mitfantasieren, was das bedeutet, auch wenn wir später darauf hinweisen, dass die Alternative auch Leben heißen kann.

Wie folgen wir diesen Menschen? Aus diesem lähmenden „Ich habe einfach grauenhaft Angst" muss eine Geschichte werden über die Angst, über die man reden kann.

Im primär vorstellungsbezogenen Sprechen, im Erzählen, wird Erfahrung prozesshaft als aktuelles Geschehen re-inszeniert, der Erzähler oder die Erzählerin übernimmt alle Rollen der beteiligten Personen, verstrickt sich erneut in den Sachverhalt, um den es geht. Es geht um Selbstdarstellung, um Ausdruck von persönlichen Wesenszügen und von anstehenden Konflikten, und das ist an einem zuhörenden Menschen orientiert. Dadurch entsteht eine spezielle Wirklichkeit, die sich von der ihr zugrunde liegenden Erfahrungswirklichkeit unterscheidet, ohne deshalb unwirklich zu sein, es ist ein Erzählraum, ein ganz besonderer Beziehungsraum.

Die Vergangenheit wird durch das Erzählen lebendig, als wäre sie Gegenwart, und das vor allem aufgrund des gemeinsamen Vorstellungsraumes, der es ermöglicht, eine Erinnerung lebendig darzustellen und sie auch hör- und situationsspezifisch etwas zu verändern. Wenn wir erzählen, öffnet sich ein Zeitraum: das Nicht-mehr-Präsente und das Noch-nicht-Präsente wird im Erzählen präsent, wird in der Erzählung gestaltete und zum Umgestalten freigegebene Gegenwart. So wird Veränderung möglich.

Nun ist es dann, wenn es gelingt, mit Krebskranken ein solches Gespräch zu initiieren, nicht einfach so, dass eine Geschichte produziert würde, in der die Angst deutlich angesprochen wird, auch wenn der Therapeut oder die Therapeutin durchaus empathisch mitgehend zuhört. Es ist wahrscheinlich gerade die Kunst, aus den kleinen Geschichten des Alltags, die erzählt werden, die Angst herauszuhören, aber nicht nur die Angst, und das ist das Wesentliche, sondern auch den Mut.

Die erwähnte an Brustkrebs erkrankte Frau spricht über Beerdigungen, nachdem wir über die Versuchung, die Angst totzuschweigen, gesprochen haben. Sie erzählt von Beerdigungen, an denen sie schon teilgenommen hat, und die ihr alle nicht wirklich gefallen haben. Wir sprechen dann intensiv weiter miteinander über Beerdigungen. Schließlich sagt sie: Ich weiß jetzt, was ich nicht will, jetzt muss ich mir überlegen, wie meine Beerdigung aussehen soll. Im Sprechen über Beerdigungen wird die Angst der Patientin benannt, als eine „arme Frau" dargestellt zu werden, als eine vom „Schicksal stiefmütterlich Behandelte".

„Es muss deutlich werden bei der Beerdigung, dass ich ein reiches Leben gehabt habe – neben diesem Krebs." Dafür wollte sie selbst noch sorgen, das wollte sie jetzt in die Hände nehmen. Und dann sprach sie vom Reichtum ihres Lebens. Plötzlich begann sie zu weinen: „Ich habe schreckliche Angst davor, allen zur Last zu fallen, Schmerzen zu haben, in der Erinnerung meiner Kinder und meines Mannes nur noch diese dahinsiechende Frau zu sein ... Aber vielleicht bleibt man doch mehr als nur die kranke Frau?" Hier ist nun eine Hoffnung formuliert, die weiter tragen kann und aus der aktuellen Krise möglicherweise hinausführt.

Dieses Gespräch ist typisch für viele Gespräche über die Angst. Natürlich muss die Angst einen Namen bekommen, damit sie auch gebannt ist, aber das geschieht nicht so leicht. Wir sprechen zwar von existenziellen Ängsten – und wir wissen meistens auch, was wir damit meinen, weil wir alle schon einmal von existenziellen Ängsten heimgesucht worden sind –, aber wie wissen wir, dass es genau dieselbe Angst ist, die auch mein Nächster oder meine Nächste hat? Man muss den Spuren der Angst nachgehen, indem man einen Erzählraum schafft, in dem die Angst ihren Platz hat, in dem sie sich in all ihren Gesichtern zeigen und auch verwandeln darf. Ängstigen wir uns, dann schwindet unser Selbstvertrauen, schwindet aber unser Selbstvertrauen, ängstigen wir uns leichter. Das Selbstbild wird im Zusammenhang mit einer Krebserkrankung sowieso oft nicht besonders wohlwollend gesehen. So schreibt Ruth Picardie beispielsweise: „Ich bin (noch mehr) zu einer verbitterten, wütenden, missgünstigen, depressiven alten Kuh geworden, die sich nicht einmal aufraffen kann ..."[1]

Mit der Angst umzugehen heißt immer auch, das Selbstwertgefühl so gut als möglich wieder herzustellen, das Selbstbild dadurch auch wieder annehmbarer zu gestalten. Nicht selten werden in Gesprächen über die Angst Erfahrungen benannt, die den Selbstwert wiederum regulieren: In dem oben genannten Beispiel das Bedürfnis, dass sie bei der Beerdigung als auch reiche Frau gesehen werden will. In der Folge ist es ihr dann möglich zu erzählen, wie sie den Reichtum ihres Lebens sieht. Ist die Selbstwerthomöostase wieder einigermaßen im Gleichgewicht, dann kann die Angst zugelassen werden: die Angst davor, den anderen zur Last zu fallen, das heißt auch, Angst davor, die Autonomie zu verlieren, die Angst vor den Schmerzen, die Angst, in der Erinnerung der Hinterbliebenen nur noch als die sterbende Frau weiterzuleben. Und sie selber findet eine zaghafte Antwort auf diese Angst: Vielleicht ist ein Mensch mehr als seine Krankheit – und das bis hin zum Tod. Mit dieser fast fragenden Feststellung stellt sie wiederum ihren Selbstwert her, ihre Würde – auch im Vorausblicken auf eine möglicherweise schwierige letzte Phase ihres Lebens. Auch hat sie jetzt Ängste benannt, bei denen allenfalls auch Information helfen kann. Wie kann sie möglichst autonom bleiben, auch wenn sie Hilfe braucht? Wie kann sie diese Hilfe organisieren? Ein Gespräch mit ihrem Arzt über Schmerztherapie ist nun wieder angesagt, auch wenn diese Gespräche schon oft geführt worden sind. Der Hintergrund dieser Ängste: dass sie als reicher Mensch in der Erinnerung der Hinterbliebenen bleiben möchte, eröffnet ein neues Gespräch: Indem sie ausdrückt, genauer ausdrückt, wie sie gesehen werden möchte, zeigt sie auch noch einmal, was sie an ihrer Persönlichkeit als das Einzigartige auffasst, als ihre Stärken, aber auch als das Wesen ihrer Persönlichkeit. Und dies möchte sie solange als irgend möglich erhalten.

Auch die Frage nach der Tragfähigkeit ihrer Beziehungen schwingt mit: Achtet und liebt man sie, wenn sie nicht mehr die ist, die sie jetzt ist? Wenn sie nicht nur die Frau sein kann, die allen anderen die Steine aus dem Weg räumt? Auch in der geheimen Besorgnis, dass ihre Familie ihr möglicherweise nicht die Beerdigung ausrichtet, die sie sich wünscht, steckt die unausgesprochene Frage, ob sie mit ihren Wünschen wahrgenommen, aber natürlich auch, ob sie ihre Wünsche auch deutlich genug äußert und den anderen mitteilt.

Nicht nur in der Therapie ist es wichtig, über die Ängste zu sprechen, es ist auch wichtig, dass dieses Sprechen als Modell erlebt wird: miteinander über die Ängste zu sprechen, macht sie erträglicher und stärkt die bestehenden tragfähigen Beziehungen. Nicht nur die kranke Frau hat Angst vor der letzten Phase des Lebens, das haben auch die Angehörigen. Auch sie fragen sich, ob die Kraft ausreichen wird, diese Phase so zu gestalten, wie sie es sich vorgenommen haben und es sich wünschen, ob die Liebe ausreicht, ob es ihnen als Lieblosigkeit ausgelegt wird, wenn der Wunsch, zu Hause zu sterben dann doch nicht erfüllbar ist? Was tun, wenn man die Schmerzen des geliebten Menschen nicht mehr aushält? Dieses gemeinsame Sprechen über die Angst kann die Bindung zu den Angehörigen, zu anderen Menschen ungemein stärken.

Aber gerade dieses gemeinsame Sprechen ist gelegentlich nicht mehr möglich. Oder es wird sogar aus der Angst heraus gefürchtet, dass – würde man sich mit diesen letzten Dingen beschäftigen – dann auch der Tod eher eintreten würde. Deshalb müsse man doch positiv denken und fest an das Wunder glauben. Das eine schließt das andere allerdings nicht aus, im Gegenteil. Positiv denken, hoffen – das können wir nur, wenn wir auch die Ängste zulassen können, erst dann ersäuft die Hoffnung nämlich die Angst, wie Ernst Bloch es ausdrückte.[2]

Nicht immer allerdings bringt eine Erkrankung Menschen einander näher – es gibt auch das Gegenteil. Im Nachwort zu Ruth Picardies „Es wird mir fehlen, das Leben" schreibt ihr Mann mit großer Ehrlichkeit: „... aber rückblickend gesehen, wuchs der Knoten nicht nur in ihr, sondern auch zwischen uns, breitete sich so unerbittlich aus wie der Krebs selbst."[3]

Wenn vor allem Wut in der Beziehung zu erleben ist, dann muss herausgearbeitet werden, was diese Wut will. Meistens geht es dabei um Selbstbehauptung und um Selbstverwirlichung, aber auch um Grenzsetzung und um Grenzbereinigung im Umgang mit den Mitmenschen. Und hier muss gelegentlich auch neues Verhalten gelernt werden. Doch nicht nur im Zusammenhang mit Grenzsetzungen ist dieses gefragt, sondern auch überhaupt in der Auseinandersetzung mit den Reaktionen der Mitmenschen auf die Krankheit: Wie geht man um mit der Trauer der anderen Menschen, die man gerade jetzt nicht brauchen kann? Wie geht man um mit dem Mitleid, das man überhaupt nicht mag? Mit den Ratschlägen und mit den ungebetenen Hinweisen, wie ein anderer Krebskranker durch eine Spezialbehandlung doch nicht überlebt hat? Wie geht man um mit den schlecht verhüllten Vorwürfen: Hättest du gesünder gelebt ...? In diesem Zusammenhang ist ein handfestes Verhaltenstraining von Nutzen, also einzuüben, wie man auf solche Situationen gerne reagieren möchte. Auch das ist eine Aktivität, die aus der Hilflosigkeit der Krise hinausführt.

Und dann kann man sich auch die Frage stellen, warum gewisse Reaktionen der Umwelt einen zur Weißglut treiben. Schwierig sind diese Reaktionen für die Betroffenen allemal. Eine Frau sagt zum Beispiel: „Jetzt habe ich schon den Krebs und muss mit meinem emotionalen Durcheinander irgendwie klarkommen, und jetzt sollte ich auch noch die anderen trösten. Zeigten sie keine Reaktion, das wäre auch schlimm, aber sie sollten doch zum Ausdruck bringen, dass sie selber mit ihren Emotionen in dieser Situation irgendwie klarkommen müssen und wollen."

Kompetenz spüren

Auch wenn der Umgang mit der Angst zentral wichtig ist im Umgang mit der Krise, gibt es doch noch einige andere Aspekte, die zu beachten sind und die zum Teil direkt zu den Ressourcen hinführen.

Wie bei jeder anderen Krise muss auch hier nachgefragt werden, wie der Mensch in der Krise früher bei Krisen reagiert hat, wie er oder sie sie bewältigt hat. Dabei ist auch interessant zu erfahren, welche Lebensereignisse früher als Krisen erlebt worden sind, vor allem aber, wie damit umgegangen worden ist. Jeder Mensch hat eine gewisse Kompetenz im Umgang mit Krisen, und diese Art der Kompetenz gibt einen deutlichen Hinweis darauf, welche Wege im Umgang mit der Krise eingeschlagen werden können, aber auch, welche Ressourcen vorhanden waren und möglicherweise immer noch vorhanden sind.

So sagt zum Beispiel ein Mann: „Bei emotionalen Krisen, wenn ich zum Beispiel Angst hatte, dass ich die Beziehungsprobleme irgendwie nicht mehr in den Griff bekommen könnte, sprach ich jeweils mit einer mütterlichen Freundin, ohne nur eine kleine Idee von ihr im Gespräch anzunehmen. Dann machte ich jeweils eine längere Bergtour, bei der ich mir alles, was sie gesagt hatte, noch einmal durch den Kopf gehen ließ, ich setzte mich mit ihren Ansichten auseinander, und am Ende der Bergtour wusste ich jeweils, was ich zu tun hatte."

Große Ängste kreisten bei ihm offenbar um das Thema der Beziehung, im Gespräch konnte er Rohmaterial zu seinem Problem holen, das er für sich selber in einer großen Anstrengung, geistig wie auch körperlich, zu seinen eigenen Einsichten und Strategien umarbeitete. Diese Form der Autonomie war ihm sichtlich wichtig. Seine größte Angst kreiste auch bei seiner Krebserkrankung um eine Beziehungsproblematik, darum, ob er von seiner Frau „im Stich" gelassen werde, ob er allein gelassen werde, ob sie „es" ihm jetzt heimzahlen werde. Immer noch verarbeitete er die therapeutischen Gespräche, indem er anschließend längere Spaziergänge machte.

Die Frage danach, wie Menschen mit Krisen vor ihrer Erkrankung umgegangen sind, hilft ihnen, ihre Kompetenz zu spüren, und verbindet sie mit ihrem früheren Leben, das ja zu ihnen gehört. Sie spüren dann nicht nur die Hilflosigkeit, die mit der aktuellen Krise verbunden ist, sondern auch die Kompetenz. Und manchmal genügt es, sich daran zu erinnern, dass man sich im Laufe des Lebens ja auch eine Kompetenz erworben hat, Probleme zu lösen, dass die Einengung, die aus der Angst erwachsen ist, sich etwas lockert. Dasselbe gilt auch für betreuende Personen. In einer Situation, in der die Angst lähmt, mag es hilfreich sein, sich in Erinnerung zu rufen, dass man sich schon öfter in ganz verzwickten Situationen befand und dennoch eine überraschend gute Intervention gefunden hat oder eine höchst zweifelhafte Intervention doch zu einem guten Resultat geführt hat. Hier wird wiederum deutlich, welch wichtige Schlüsselqualifikation der Umgang mit Krisen ist. Übt man ihn immer wieder ein, so steht das positive Potenzial in einer aktuellen Krise auch leichter zur Verfügung.

Die Wiederherstellung und die Aufrechterhaltung eines guten Selbstwertgefühls ist im Zusammenhang mit Krisen ausgesprochen wichtig. Die Erinnerung an frühere Kompetenzen, aber auch der Hinweis darauf, dass man einem Menschen zutraut, sein Problem auch selber in die Hand zu nehmen, dienen der Selbstwerthomöostase. Mit den Kompetenzen werden aber auch die Ressourcen sichtbar: sind es Menschen, die auf Beziehungen bauen können, die andere Menschen „nützen" können (ohne sie auszunützen), um mit ihrem Problem besser zurecht zu kommen, oder sind es Menschen, die immer alles aus sich selber heraus bewältigt haben.

Eine Frau erzählt zum Beispiel: Früher, wenn sie eine Krise gehabt habe, meistens im Zusammenhang mit ihrer Arbeit, weil sie da ausgenützt worden sei und nicht die richtige Wertschätzung bekommen habe, habe sie in der Freizeit einen Spezialauftrag angenommen und sich so bewiesen, dass sie besser sei als die anderen. Wieder eine andere sagt, Krisen habe es in ihrem Leben gar nie gegeben. Sobald eine Schwierigkeit aufgetaucht sei, habe sie sie analysiert, Konsequenzen gezogen – und die seien meistens gut gewesen. Das mache sie jetzt ja so fertig. Sie könne zwar die Situation zusammen mit ihrem Arzt analysieren, sie könnten auch Konsequenzen ziehen, aber dann sei das Problem eben nicht bewältigt. Diese Frau muss zwar neue Strategien lernen, dennoch aber ist ihre alte Strategie nicht etwa wertlos, sondern sie lässt erwarten, dass sie, wenn sie einmal eine neue Einsicht gewonnen hat, diese auch konsequent verfolgen wird. Es ist wichtig, auch bei Strategien, die nicht mehr zufriedenstellend funktionieren, ihren Wert für das bisherige Leben herauszustellen und herauszuarbeiten, was sie für die Zukunft immer noch bedeuten könnten. Hier können alte mit noch neu zu findenden Strategien durchaus verbunden werden.

Ressourcen finden

Im Umgehen mit der Krise eröffnen sich Ressourcen, solche, die man schon immer hatte, solche, die sich neu auftun.

Das Bewältigen der Krise erfolgt nach der Dynamik, nach der grundsätzlich jede große Veränderung erfolgt: Nach anfänglichem Nicht-Wahrhaben-Wollen des Problems folgt die Phase der chaotischen Emotionen, die im Zusammenhang mit der Krebserkrankung meistens mit viel Angst und Wut verbunden ist, aber auch mit Schuldgefühlen dem eigenen Leben gegenüber, die sich als Angst äußern, das Leben ganz falsch gelebt zu haben. Auf die Frage „Warum?" findet man in der Regel immer Gründe: Wenn mit der Angst und der Wut umgegangen werden kann, dann setzt eine Phase des Bilanzierens ein: Was war mein Leben bis jetzt – und was ist es jetzt mit dieser Krankheit? Im besten Fall kommt es hier nun zu Dankbarkeit für das, was war, und für das, was immer noch ist. In diesem Zusammenhang sprechen Krebskranke davon, dass sie Dinge, die sie früher kaum wahrgenommen haben, jetzt viel bewusster wahrnehmen, etwa die Natur, das Wachsen, Schönheit, die Intensität einer Begegnung usw. Die meisten Menschen fassen dies unter den Begriff Lebensqualität. Doch dies sind auch Ressourcen, die sich zeigen, wenn die Krise bewältigt worden ist. Das bedeutet zwar nicht, dass die Ängste nicht mehr da wären. Doch man kann mit ihnen umgehen und das Leben wird nicht mehr nur unter dem Aspekt der Krankheit gesehen, sondern es werden deutlich Ziele ins Auge gefasst, die für das eigene Leben wichtig sind, die vielleicht weniger dringlich wären, wäre man nicht krank. Es bleiben aber große emotionale Schwankungen, die wesentlich mit der körperlichen Erkrankung und den Erfolgen und Misserfolgen bei der Behandlung zusammenhängen. Zudem werden die ganz normalen Probleme des Alltags natürlich als größer und gewichtiger erlebt, wenn man sich am Rande der Belastbarkeit befindet. Da diesen Menschen der Boden unter den Füßen weggezogen worden ist, ist auch die Krisenintervention weniger erfolgreich als in anderen Fällen. Das heißt aber nicht, dass die Krisenintervention nicht gemacht werden sollte, sie wird meistens auf die Länge gesehen als hilfreich erlebt, besonders, dass ein Mensch auch bei erneuten Krisen einfach da ist. So schwierig die Krisen zu bewältigen sind, diese Menschen finden dennoch auch wieder zu mehr emotionaler Stabilität und können sich mit ihrer Situation besser arrangieren.

Die inneren Ressourcen eines Menschen werden im Umgang mit der Krise, und falls die Menschen träumen, auch aus ihren Träumen sichtbar. Man kann aber auch gezielt Ressourcen aufbauen.

In den Märchen trifft man immer wieder die Situation an, dass der Protagonist, die Protagonistin verzweifelt durch einen Wald irrt, orientierungslos und verängstigt ist, und dann zeigt zum Beispiel ein Rauch an, wo ein Feuer und damit eine Behausung ist, wie im Märchen „Das Erdkühlein".[4] Oder ein alter Weiser, gelegentlich auch in der Gestalt eines hilfreichen Tieres, zum Beispiel des Fuchses, taucht auf, so im Märchen „Vom goldenen Vogel":[5] die inneren Helfer und Helferinnen. Gelegentlich wird der Held oder die Heldin an einen Ort geführt, wo er oder sie es sich wohl ergehen lassen kann, sich erholen kann, wo es ihnen so richtig gut geht. Im Märchen „Das Mädchen ohne Hände"[6] findet die Protagonistin mit ihren Zwillingen eine Hütte im Wald, in der einfach alles vorhanden ist, was man zum Leben braucht. Oder ein Traum zeigt im Märchen das Bild einer alten weisen Frau in einer Hütte, die Rat weiß und den tröstlichen Rat auch gibt, so im Märchen „Die Nixe im Teich".[7] Meistens wird ein Rat zu einer Handlung gegeben, die eine Entwicklung in Gang setzt. Dieser Rat muss dann auch in etwa befolgt werden. Die Märchen weisen damit darauf hin, dass es Zeiten gibt, in denen man sich einfach erholen darf, und Zeiten, in denen man aktiv sich entwickeln muss. Meistens aber sind Helfer und Helferinnen in den Übergangsphasen aktiv. Diese sind als innere Helfer und Helferinnen auch in Träumen und in Imaginationen auszumachen. Sie entsprechen hilfreichen Kräften in der eigenen Psyche, sie sind meistens „alt", korrespondieren mit alten Weisheiten in unserer Psyche, die uns helfen, auch in schwierigen Zeiten zu leben. Sie werden durch die Imagination, durch die Vorstellungskraft, wahrgenommen, lebendig erhalten und dadurch zu Bildern und Erfahrungen, die trösten können.

Imagination als Ressource

In der Vorstellungskraft haben wir ein Bild von etwas, mehr oder weniger sinnlich wahrnehmbar, auch wenn kein äußerer Reiz (mehr) vorhanden ist, eine Vorstellung von nicht mehr oder noch nicht Präsentem.[8]

Die Fähigkeit zur Imagination ist eine normale menschliche Fähigkeit, die allerdings geschult werden kann. Das geschieht, indem man die verschiedenen Kanäle der Wahrnehmung schult und übt. Nah bei der Wahrnehmung benutzt die Imagination alle Kanäle der Wahrnehmung, die sich leicht untereinander verbinden lassen. Eine Zitrone kann man leicht in der Vorstellung sehen, man kann sie auch riechen, und wenn man imaginativ hineinbeißt, kann man sie auch schmecken. Und etwas Ähnliches lässt sich auch mit Nicht-Materiellem machen: In imaginativen Prozessen kann man diagnostisch Beziehungsverhalten, Konflikte, Bedürfnisse, Eigenheiten, Wünsche, Emotionen hervorrufen und deren Abwehr ausmachen. Man kann therapeutisch Szenarien einer guten Zukunft entwerfen und positive Selbstbilder kreieren; dabei sind verschiedene Selbstentwürfe möglich. Und doch ist es mehr als ein Probehandeln, denn es sind Entwürfe der eigenen Existenz, mit denen man sich wiederum auseinandersetzen kann.

Und ein ganz besonders wichtiger Punkt: In den Vorstellungen zeigen sich unsere Emotionen. Sie können anhand dieser Vorstellungen auch bearbeitet werden. Wir hätten keine Angst vor einem Hund, wenn wir uns nicht vorstellen würden, dass der Hund zubeißen könnte. Wir können uns aber den uns ängstigenden Hund auch mit Maulkorb vorstellen, dann ängstigt er uns in der Vorstellung weniger. Ängstigt uns aber etwas in der Vorstellung weniger, so kann das meistens recht gut auf das Alltagsleben übertragen werden.

Vorstellungsräume

Imaginationen begleiten die Wahrnehmung und machen ein Ganzes daraus, sie sind ein grundlegendes Prinzip menschlicher Informations- und Emotionsverarbeitung, eine subjektive Simulation von Welt, und diese kann kreativ oder pathologisch sein. Der Raum der Imagination ist ein geheimnisvoller Raum zwischen Außenwelt und Innenwelt, erfüllt von Assoziationen an Erlebtes. Er ist allerdings von sinnlich Erfahrenem abhängig, aber in hohem Maße veränderbar je nach Emotionen, je nachdem, was in der Innenwelt konstelliert ist. Erinnerung spielt dabei eine wichtige Rolle, aber diese Erinnerung kann auch umgeschaffen werden, und Fantasien im Sinne von neuen Kombinationen sind möglich. In der Imagination kann man sich Räume erschließen, in denen uns wohl ist, Räume, in denen wir unsere Identität stabilisieren können, wir können Probleme darstellen und uns mit ihnen auseinander setzen – und man kann diesen Raum der Imagination auch miteinander teilen, und miteinander Erfahrenes, auch Schreckliches, verarbeiten und den verschwiegensten Wünschen erstmals Raum geben. Der Vorstellungsraum, ähnlich wie der Erzählraum, ist ein Raum, den man mit einem anderen Menschen teilen kann, und das bewusste Teilen von Imaginationen verstärkt die soziale und emotionale Nähe. Das wird am deutlichsten in den Phasen der Verliebtheit, in denen man sich solche Fantasien durchaus mitteilt! In der Imagination ist man selbst aktiv – und kann das auch sehr lange bleiben.

Eine krebskranke Frau, kurz vor dem Tod stehend, sagt: „Ich sehe jetzt immer wieder Bilder des dichten Lebens vor mir – das ist ein wunderschöner Abschied vom Leben. Ich rieche noch einmal das Meer, das ich so sehr geliebt habe, den Duft meiner Kinder, als sie Säuglinge waren ..." Diese Frau hatte nach ihrer Erkrankung intensiv mit Imaginationen gearbeitet. Sie hat das imaginiert, was ihr wohl getan hat in ihrem Leben, und war nun in der Lage, auf diese Ressourcen zurückzugreifen.

Im Unterschied zur Alltagswahrnehmung hat die Imagination mehr Freiheitsgrade: Zeit, Raum, Verantwortlichkeit sind freigegeben. Deshalb stellt sich natürlich die Frage, wie man etwas aus einem Raum, in dem mehr Freiheitsgrade sind, in den Alltag hinübernehmen kann.

Es sind vor allem Erfahrungen, die man in den Raum des Alltags übertragen kann. Die Erfahrung, dass alles auch anders sein kann, und die Erfahrung, dass man dem Leben und den anderen Menschen nicht einfach ausgeliefert ist, man kann etwas bewirken, auch in sich selbst. Durch die Freiheitsgrade der Imagination kann sichtbar werden, was wir wirklich wollen. Es gibt kaum Gegenindikationen: Bei ausgeprägter Zwangsproblematik und schweren Depressionen ist es wenig sinnvoll, mit Imagination zu arbeiten. Dann gibt es auch Menschen, die lieber alles konkret darstellen und nicht in der Fantasie, und wenig sinnvoll ist Imagination auch dort, wo Menschen zwar viele Bilder sehen können, diese aber nicht von Emotionen begleitet sind und damit auch wenig emotional bewirken.

Die Fähigkeit zur Imagination ist eine wesentliche Ressource bei allen Menschen, vor allem auch bei Krebskranken: Wenn selbstregulierende Tätigkeiten, Tätigkeiten, die normalerweise zu einem guten Selbstwertgefühl geführt haben wie zum Beispiel Bergsteigen, nicht mehr konkret ausgeführt werden können, können sie zumindest noch in der Imagination vorgestellt werden. Je mehr Kanäle der Wahrnehmung dabei beteiligt sind, umso lebendiger sind die Imaginationen, umso mehr sind sie auch emotional betont und nähren uns emotional.

Analog der Erfahrung in Märchen am Tiefpunkt der Krise finde ich es sinnvoll, sich einen guten Ort in der Vorstellung zu sichern, sich Situationen mit allen Kanälen der Wahrnehmung auszumalen, in denen es einem einfach rundum wohl ist. Das geschieht am besten nach einer leichten Entspannung. Wichtig scheint mir dabei zu sein, dass dieser „gute Ort", den man in der Imagination immer auch noch verbessern kann, nicht an die Krebskrankheit erinnert. Diese „guten Orte", die das Erleben von Geborgenheit ermöglichen und dabei auch Entspannung zulassen, stammen meistens aus realen Erfahrungen, die zum Teil weit zurückliegen wie etwa die Baumhütte aus der Kindheit, aus „glücklichen Zeiten vor der Krebserkrankung" oder aus Zeiten der Krankheit, als man die Krankheit vorübergehend vergessen konnte. Diese guten Orte werden in der Vorstellung verändert, bis sie den aktuellen Bedürfnissen entsprechen.

Sie können auch mit Aktivität verbunden sein: So sieht sich eine schwer kranke Frau immer noch in der „schönsten Bergwand ihres Lebens", die sie bezwungen hat, was damals ein wunderbares Lebensgefühl bewirkte, das sie zurzeit in der Imagination wieder erfahren kann. Bei vielen Menschen entwickeln sich aus diesen „guten Orten" heraus weiterführende Imaginationen, ganze vorgestellte Geschichten. Andere Menschen brauchen mehr Anstöße. Es gibt Bilder, die eine ichstabilisierende Wirkung haben, dazu gehört der gute Ort, oft ist es auch ein Baum, sind es Vorstellungen von einem Helfer oder einer Helferin usw. Nun kann man einen Menschen bitten, sich an einen Baum zu lehnen, die Gegend anzusehen und zu schauen, wer oder was in ihrer Imagination auf sie zukommt. Das können dann durchaus reale Gestalten aus dem eigenen Umfeld sein, die zu einer Auseinandersetzung oder Klärung anregen, es können aber auch die Helfer und Helferinnen in der eigenen Seele auftauchen.

Ich habe festgestellt, dass bei all den Personen, die einen eher schwierigen Zugang zu Imaginationen hatten, ich sie jeweils durch verschiedene Bilder führte in einer so genannten angeleiteten Imagination, beginnend bei einem guten Ort und anderen Vorstellungen, die ihre Eigenaktivität betonten und in der Vergangenheit lustvoll erlebt wurden: wie etwa Tennis spielen, durch einen Bergbach waten, im Meer mit den Wellen kämpfen usw. Dann ging es weiter zu Imaginationen, die Begegnungen ermöglichten. Die Themen selber entnehme ich wenn möglich den Träumen und den Erzählungen der Personen selbst, ich füge aber auch Bilder ein, von denen bekannt ist, dass sie eine stabilisierende (z. B. Baum) oder eine dynamische Wirkung (z. B. Wasser) haben.[9]

Diese Abfolge der Imaginationen werden wie ein Ritual immer wieder eingestellt, bis die jeweilige Person die Freiheit hat, auch die Themen ihrer Imagination selber zu bestimmen. Natürlich werden diese selbstgewählten Themen auch mitbestimmt durch diese fast rituellen Vorübungen.

Im Rahmen der Imagination halte ich nicht viel von kämpferischen Aktionen gegen den Krebs. Ich halte wesentlich mehr davon, sich Wohlbefinden vermitteln zu können, emotionale Erfahrungen verarbeiten zu können und die Erfahrung der möglichen Selbstkontrolle zu verstärken. Dabei erfährt man ganz konkret, dass es helfende Gestalten in der eigenen Psyche gibt und dass man in einer so schwierigen Lebenssituation mütterlich mit sich umgehen muss. Jetzt kann man sich getrost mit den Problemen konfrontieren, die sich aufdrängen.

Eine andere wesentliche Ressource, die allerdings auch nicht ohne die Imagination auskommt, ist Freude aufzufinden. Wenn wir uns freuen, dann erleben wir selbstverständliches Selbstvertrauen, Bedeutsamkeit, auf der wir nicht beharren müssen. Offenheit und die Möglichkeit des Sich-Öffnens. Das alles erfüllt mit Vitalität und aktiviert das Selbstgefühl, die Kompetenz zu haben, mit dem Leben umgehen zu können. In der Freude spüren wir neue Lebensenergie. Und diese Energie ergibt wiederum, dass wir den Menschen nahe sein möchten, dass wir teilen möchten, dass wir den Mut finden, miteinander Lösungen zu erproben.

In der Freude, einer der so genannten gehobenen Emotionen,[10] erleben wir die Fülle des Daseins, erleben wir Vitalität, Energie, Körperlichkeit, Verbundenheit mit anderen Menschen, wir erleben Selbstsein in der Selbstvergessenheit, erleben Hoffnung neu. Wir erleben, dass es in jedem Menschenleben, so schwierig es auch sein mag, Oasen der Freude gibt, die in der Erinnerung auch wieder Freude zurückbringen. Und dieses Erleben von Freude bringt eine Stabilisierung des Selbstwerts.

Freude erlaubt uns das Erleben von einer sicheren Identität, von mehr Mut zur kreativen Gestaltung des Lebens, von weniger Angst vor Fremden und Fremdem, von weniger Destruktivität, von mehr Solidarität und Verbundenheit: Freude ist wirklich eine Emotion auch für schwierige Zeiten. Es ist eine nicht zu unterschätzende Ressource, zudem ökologisch ganz und gar unbedenklich: Sie zerstört nichts und wird nicht weniger, sondern mehr, wenn wir sie teilen.

Meistens teilen die Menschen in einer Krise einem auch beiläufig mit, was ihnen früher Freude gemacht hat und dass sie diese Freude jetzt schmerzlich vermissen. Diesen Freuden kann man sich etwas systematischer zuwenden, indem man fragt, was denn im Laufe des Lebens Freude ausgelöst hat. Auch hier geht es nicht um Information, sondern es geht um das Erzählen von Geschichten, die durchaus nicht lang sein müssen. Da erzählt eine Frau, wie sie um eine besondere Blume in ihrem Garten gerungen hat und welche Freude in ihr hochkam, als sie diese endlich zum Blühen brachte. Und sie beschreibt die Freude als das Aufsteigen von diesem warmen Gefühl aus der Magengegend, das sie ganz gewärmt hatte, sie beschwingt hatte und sie dazu brachte, laut die ganze Familie zusammenzurufen. „Noch heute sehe ich mich, wie ich ein wenig stolz, triumphierend, voll Freude mit strahlenden Augen meinem Mann und den beiden Söhnen, die gerade anwesend waren, die Blume gezeigt hatte."

Freude erfahren wir im Augenblick, wenn diese Freude ausgelöst wird, wenn wir mehr erleben, bekommen oder erfahren, als wir erwartet haben. Freudige Situationen können wir aber in der Erinnerung, und das meint in der Vorstellung, immer wieder aufleben lassen, wenn wir sie in der Ursprungssituation wirklich emotional erfahren und zugelassen haben.

Auch kann man anregen nach den Freuden in der frühen Kindheit zu suchen, am besten noch vor der Schulzeit. Denn in dieser Zeit der Kindheit hat man die Freude noch nicht groß kontrolliert und sich noch hemmungslos an der Freude gefreut.

Das wäre auch der Beginn der Rekonstruktion einer Freuden-
biografie.[11] Natürlich ist es nicht sinnvoll, nach solchen Freuden
zu fragen, wenn die betreffende Person aktuell in einer von großer Angst geprägten Krise steckt, man wird dann nach ihnen
fragen, wenn es von ihr angeboten wird. Meistens geschieht das,
indem die Abwesenheit von Freude thematisiert wird, aber auch
im Zusammenhang mit dem Bilanzieren über das Leben.

Die anderen Menschen als Ressource entdecken

„Das Wichtigste für mich ist, dass ich weiß, dass ich mich auf einige Menschen verlassen kann und dass die mir so weit als möglich meinen freien Willen lassen", so sagt eine 50-jährige Krebskranke kurz vor ihrem Tod.

Was meint sie damit, dass sie sich auf einige Menschen verlassen kann?

„Dass sie dableiben, nicht flüchten, aber mir auch die Wahrheit sagen, auch wenn es ihnen zu viel wird."

Damit die soziale Zuwendung erhalten bleibt, ist es ganz
wichtig, dass immer auch die Familie mitinformiert wird. Von
der psychotherapeutischen Seite her entsteht immer einmal der
Wunsch, dass der Patient oder die Patientin gern den
Partner/die Partnerin oder die Kinder mitbringen möchte.
Meistens geht es dann um ganz bestimmte Anliegen. Der Partner beklagt sich etwa darüber, dass er seinen anspruchsvollen
Beruf weniger gut bewältigt als früher, weil er zu Hause belastet
ist, statt dass man ihm – wie früher – alles aus dem Weg räumt.
Die Partnerin versteht nicht, warum der Mann plötzlich so pas-
siv geworden ist, ist das etwa eine versteckte Aggression?

Über diese Probleme, die der Kranke thematisiert, wird mit
den Angehörigen gesprochen. Sie erfahren dabei, dass auch sie
in einem bedeutsamen psychischen Prozess stehen, dass eigentlich nicht einfach ein Mensch „Krebs hat", sondern dass das
ganze Familiensystem davon betroffen ist, dass sich alle mit den
Einschränkungen im täglichen Leben, mit der Angst vor dem

Verlust usw. auseinander setzen müssen, dass sich für alle das Leben verändert und dass niemand die Schuld daran trägt.

Es ist auch deutlich zu machen, wie wichtig es ist, dass die Angehörigen da-sind, mitgehen und ihre eigenen Ängste aushalten. Um das zu können, brauchen auch sie eine Möglichkeit, sich auszusprechen, manchen helfen die so genannten Angehörigengruppen. Wichtig ist, dass auch die Angehörigen wissen, wie sehr der Krebs die Beziehungen verändern kann, zum Guten hin, aber auch zum Schlechten hin – und dennoch sind sie mit ihrer ganzen sozialen Kompetenz und Hingabefähigkeit gefragt.

Das Umgehen mit der Krise und das Finden der Ressourcen bewirkt, dass das Leben der Krebskranken etwas weniger von der Krankheit dominiert wird oder anders gesagt, dass sie leichter die Inseln, vielleicht auch die Oasen in ihrem Leben finden, trotz der Krankheit.

Der Wunsch, autonom zu sein

Es ist ein typisch menschliches Thema, dass wir autonom sein müssen und immer mehr autonom sein wollen im Laufe des Lebens, das heißt, dass es offenbar ein Entwicklungsziel ist, immer mehr selbstbestimmt zu leben. Fromm forderte, dass man geboren werden sollte, bevor man stirbt, und dass der kreative Mensch das schaffen kann.[1] Man sollte nicht als Kopie sterben, ein Sinn des Lebens ist es, man selber zu werden, also nicht eine Kopie der Eltern, nicht eine Kopie der Gesellschaft, überhaupt keine Kopie. Das wäre der Sinn der persönlichen Autonomie.

Gleichzeitig sind wir Menschen immer auch eingebunden in soziale Bezüge, wir fühlen uns geborgen in unseren Beziehungen und sind auch in vielfältiger Weise abhängig davon. Wir Menschen leben in einem Widerspruch: Wir wollen Autonomie und Abhängigkeit, wir brauchen Autonomie *und* Beziehung. Deshalb haben wir immer dieses Problem, dass wir verpflichtet sind, ein eigenes Selbst zu haben, aber auch in Beziehung zu einem oder mehreren anderen Selbst stehen wollen und müssen, die unser Selbstsein möglicherweise bedrohen. Es gibt immer auch ein Gemeinschafts-Selbst, dem wir angehören wollen, ein soziales Wir. Es geht uns nicht nur um die Ich-Du-Beziehung, es geht uns auch um Beziehungen in einem größeren Rahmen. Das Wir-Gefühl ist ein ganz wichtiger Aspekt der Identität. Dieser Aspekt ist erst in den letzten Jahren mehr in den Blickpunkt des Interesses der Psychologie gerückt.[2]

Dieses Dilemma zwischen Selbstbehauptung, Entwicklung von Autonomie und dem Bedürfnis, dennoch dazuzugehören und enge Bindungen zu haben, kann man sich entwicklungspsychologisch erklären. Das kindliche Ich ist ziemlich grenzenlos, wir sagen auch grandios; das ist sichtbar an einem vitalen zweijährigen Kind, das einfach alles macht, was ihm gerade in den Sinn kommt. Schnell an den Kochherd, Wasser ausgießen oder gleich ins Wasser springen, im nächsten unbewachten Moment einmal ganz schnell alle Papiere des Vaters „ordnen", also durcheinander werfen, Computer anwerfen, hacken usw. Dieses Ich ist grenzenlos, es ist grandios. Und da gibt es dann Zusammenstöße mit den Beziehungspersonen, die Grenzen setzen, die etwas verbieten, mehr oder weniger energisch, die Anforderungen stellen. Das muss für kleine Kinder außerordentlich lästig sein. Es kann beobachtet werden, dass ein zweijähriges Kind innerhalb von einer Stunde von wohlmeinenden, gutmütigen Eltern fünfundzwanzig Mal ein entschlossenes Nein hört. Und fühlt man sich in das Kind ein, wird deutlich, dass alles, was gerade besonders spannend ist, ein entsetztes Nein zur Folge hat, ein Nein, das vom Kind her nicht zu verstehen ist. Solche Grenzsetzungen sind aber auch nicht zu vermeiden.

Es gibt also Konflikte zwischen den Interessen des Kindes, dem Wunsch, im Dienste der Autonomie eine Idee in die Tat umzusetzen, und dem Nein, das sich diesen Interessen entgegensetzt. Das sind Kämpfe, das sind Konflikte, die Menschen internalisieren, verinnerlichen. Durch diese Frustrationen, wenn sie in einer freundlichen Atmosphäre erfolgen und verhältnismäßig sind, werden Grenzen gebildet, die erlauben, die Innenwelt und die Außenwelt voneinander zu unterscheiden und auch die eigene Identität immer mehr zu finden. Das ist auch eine Voraussetzung für einen kohärenten Ichkomplex. Um gut zu wirken, müssten diese Grenzsetzungen sich nun in einer Beziehungsatmosphäre des Wohlwollens ereignen: Kinder müssen spüren, dass die Eltern sie grundsätzlich akzeptieren, sich für sie interessieren und sie lieben, auch dann, wenn gewisse Handlungen absolut nicht akzeptiert werden. Sie müssen spüren, dass auch durch ihr Trotzen die enge Beziehung nicht in Gefahr ist. Die Grenzsetzungen lösen auch emotionale Konflikte: Schwankt ein Kind zwischen Eigeninitiative zu etwas Verbotenem und der Tendenz zu gehorchen, dann hat es einen inneren Konflikt, einen inneren emotionalen Aufruhr. Das kann man den Kindern auch von außen ansehen. Eine klare Grenzsetzung beendet diesen inneren Konflikt und beruhigt auch. Eine wichtige Kompetenz der Eltern ist es, den emotionalen Aufruhr in den Kindern zu regulieren. Das ist sichtbar an kleinen Babys. Weint ein drei, vier Monate altes Kleinkind herzzerreißend, dann sind die Eltern kompetent, die dieses Kind beruhigen können. Meistens ist es dann die Brust, die beruhigt. Können Beziehungspersonen kleine Kinder nicht beruhigen, dann zehrt das ganz enorm am Selbstwertgefühl von Mutter und Vater, und das ist auch ganz richtig so, denn es ist einer der wichtigen Aspekte des Elternseins, die Emotionen in den Kindern regulieren zu können, so dass diese später ihre Emotionen auch gut selber regulieren können. Nun gibt es natürlich auch in diesem Zusammenhang begabtere und weniger begabte Menschen, und man muss ja immer mit der Begabung leben, die man hat, die man allenfalls verbessern kann. Das Setzen einer vernünftigen Grenze kann eine solche Regulierung der Emotion bewirken. Theorien, die sagen, man soll dem Kind so viel wie möglich den eigenen Willen lassen, sind auch etwas brutal. Das heißt dann, dass das Kind alle diese inneren Konflikte bis zur Neige selbst austragen muss, obwohl es von der Reife her dazu noch nicht in der Lage ist. Da ist manchmal ein klares Nein von außen etwas sehr Entlastendes, auch wenn es mit einem tollen Gebrüll quittiert wird. Es ist aber natürlich auch wahrzunehmen und zu respektieren, wenn das Kind in der Lage ist, seine Emotionen selber zu regulieren.

Komplexprägungen:
Der Zusammenstoß von Eigenwille und Fremdwille

Die Kunst ist, so viel Autonomie wie möglich zuzulassen und so viel Grenze wie nötig zu setzen. Zwischen diesem Ichkomplex des Kindes, der in Entwicklung ist, und den grenzsetzenden Beziehungspersonen, die nicht optimal zu sein brauchen, aber sich Mühe geben, so hilfreich wie möglich zu sein, kommt es nun immer wieder zu gleichartigen Zusammenstößen. Das wissen wir alle aus der Perspektive der Kinder, aber auch aus der Elternposition. Es gibt Dinge, da reagieren wir empfindlich, vielleicht empfindlicher als andere. Und andere Eltern reagieren in anderen Situationen wieder empfindlicher. Es gibt zum Beispiel Menschen, die schlecht Unordnung ertragen können. Macht das Kind dann einmal wieder so richtig genüsslich eine Sauordnung, dann kommt meistens die genau gleiche Strafpredigt oder die genau gleiche strafende Handlung. Andere Eltern sehen die Unordnung kaum, sind aber allergisch auf Kinder, die sich verstecken und nicht zu erkennen geben, wo sie sich aufhalten.

Diese Zusammenstöße sind Episoden, die immer wieder erlebt werden, und wenn etwas immer wieder vorkommt, wird das in unser Gedächtnis übertragen. Man spricht dann von generalisierten Episoden, von generalisierten Erfahrungen, die unsere Erwartung für lange Zeit prägen. Etwa: Wenn ich an den Computer gehe, dann wird grauenhaft geschrien, ich werde aus dem interessanten Raum verbannt, und für eine Weile erzählt niemand mir eine Geschichte. Generalisierte Episoden, die sich durch eine schwierige Emotion auszeichnen, nennt man in der Tiefenpsychologie Komplexe.

Diese generalisierten Episoden oder die Komplexe formen sich um ein ganz bestimmtes Beziehungsthema, das oft auch im späteren Leben bildhaft zugänglich ist. Dieses Thema ist oft: kleineres Kind und größere Beziehungsperson, die verbietet, kritisch schaut usw. Da ist die Angreifer-Opfer-Thematik bereits mitenthalten. Die frühkindliche Zeit ist natürlich eine besonders verwundbare Phase, aber Komplexe kann man immer entwickeln, auch im späteren Leben, bis man stirbt. Es können alte Komplexe auch immer wieder hervorgerufen werden, wieder aktiviert werden. Diese Erfahrungen des Zusammenstoßens von Eigenwille und Fremdwille sind im Episodengedächtnis gespeichert, und man erwartet, dass man mit ähnlichen Zusammenstößen immer wieder rechnen muss.

Aber auch diese Zusammenstöße werden unterschiedlich erlebt, je nachdem, wie die Grundhaltung der Eltern dem Kind gegenüber ist. Werden die Erwachsenen oder die grenzsetzenden Personen nicht grundsätzlich als ablehnend erlebt, sondern normalerweise als akzeptierend, kann das Kind durchaus einen Ich-Pol entwickeln. Wenn Kinder später ein Bild einer solchen Episode beschreiben, klingt es etwa so: „Ich kann mich sehen als Kind am Computer, mir ist gerade etwas Spannendes gelungen, da rast der Vater ins Büro und schreit mich an, wie er das sonst nie tut. Er wird ganz rot im Gesicht." Der Vater wird noch in der Erinnerung als unverständlich aufgeregt wahrgenommen. Das Kind erinnert sich dann meistens auch daran, wie es bestraft wurde. Im Bild ist ein Kind vorhanden, und da ist auch eine erwachsene Persönlichkeit oder ein Geschwister. Die Geschwister werden bei der Bildung von Komplexen gerne vergessen, ich bin aber überzeugt, dass viele Komplexe durch die Geschwister geprägt werden. Von den Geschwistern kommen viele Grenzsetzungen und Auseinandersetzungen, Zusammenstöße zwischen Eigenwille und Fremdwille ereignen sich da häufig.

Werden die Komplexe abgebildet, etwa gemalt, oder wird eine Erinnerung bildhaft genau geschildert, dann haben wir oft das Bild von einem kleinen Ich, dem ein großer Mensch gegenüber steht. Wir haben also beide Seiten: einen Kindanteil, einen Kindpol und einen Erwachsenenanteil, einen Erwachsenenpol. Das Ganze ist aber unser Komplex, den wir verinnerlicht haben und der in einer Lebenssituation mit einem ähnlichen Thema oder beim Erleben der Emotion, die mit diesem Komplex verbunden ist, anspringt, zumindest emotional uns ins Gedächtnis kommt. Der Erwachsenenpol des Komplexes wird nun in dieser Regel projiziert. Das bewirkt, dass Menschen, die diesen grenzsetzenden oder angreifenden Personen ähneln oder in deren Gegenwart sich ein Komplexthema konstelliert, als viel gefährlicher und machtvoller erlebt werden, als sie in Wirklichkeit sind. Sie bekommen die Projektion von all unseren Erfahrungen mit angreifenden, grenzsetzenden, beschämenden Personen ab. Das ist der Grund, warum es oft so schwierig auszumachen ist, wie feindselig ein Angriff wirklich gedacht ist. Greift uns ein Mensch an, der einem Menschen aus der Kindheit gleicht, von dem wir uns immer wieder angegriffen gefühlt haben, decodieren wir den Angriff sofort als feindlich. Geht es um ein Thema, bei dem wir uns „schon immer" angegriffen gefühlt haben, zum Beispiel Ordnung, fühlen wir uns schon durch harmlose Bemerkungen angegriffen, beschämt oder ärgerlich.

Der projizierte Elternpol des Komplexes

Ob wir einen Komplex projizieren, und zwar meistens nur den einen Pol, das Bild des Angreifenden im Komplexgeschehen (Erwachsenenpol, Elternpol) oder das Bild des Erleidenden (Kindpol, Ichpol), oder ob wir das nicht tun, verändert die Wahrnehmung des Bedrohlichen in entscheidender Weise. Projizieren wir den Elternpol, dann ist oft auch die Aggression mit hinausverlegt, das Ich wird sich ängstigen und sich verfolgt fühlen. Das Hinausverlegen von Aggression in andere Menschen erfolgt vor allem dort, wo wir Komplexprägungen haben mit angreifenden Elternpolen.[3]

Wir alle haben diese Komplexe. Sie sind nicht nur Ausdruck von Konflikten, sie sind auch Brennpunkte der Entwicklung.[4] Es geht uns hier aber zunächst um die Zusammenstöße, aus denen sie hervorgegangen sind. Wir sind alle mehr oder weniger domestiziert worden. Insofern projizieren wir auch leicht die Erwachsenenpole unserer Komplexe. Allerdings könnte man, macht man sich das klar, sich auch darüber klar werden, dass man viel weniger machtlos ist, als man eigentlich fantasiert. Konstelliert sich ein Komplex, fällt man meistens in die Rolle des Kindes, oft sogar in die Rolle des kleinen Kindes, das ja effektiv, außer mit Trotzen und sich Verweigern, nicht so viel Macht hat. Im späteren Leben haben wir aber, trotz der Komplexe, wesentlich mehr Verhaltensmöglichkeiten. Wir sind nicht mehr diese kleinen Kinder, sondern haben unterdessen eine große Kompetenz in der Auseinandersetzung mit dem Leben gewonnen. Es ist also sinnvoll zu wissen, wo und wann solche Komplexe anspringen und wie sie uns auch ängstigen oder ärgern.

Alte Erfahrungen, Beziehungsmuster, wie sie damals zwischen dem Ich und den grenzsetzenden Personen erlebt und geprägt wurden, aber auch neue komplexhafte Erfahrungen werden projiziert und als Beziehungsmuster antizipiert. Fast alle Autoritätskomplexe verdanken ihre Macht der Tatsache, dass die Zusammenstöße mit den Autoritäten im Laufe des Lebens gespeichert sind, und bei Anspringen eines solchen Komplexes vergessen wird, dass man nicht mehr das Kind von damals ist, sondern unterdessen eine gestandene Frau oder ein gestandener Mann, von Kindern selber schon wieder als Autorität wahrgenommen und allenfalls auch gefürchtet.

Es gibt Komplexe, die selbstverständlich nur mit psychotherapeutischer Hilfe verändert werden können, die auch nur dann sich wandeln, wenn der Ichkomplex sich entwickelt. Es gibt aber auch Komplexe, an denen man selber arbeiten kann. Ist man zum Beispiel überzeugt, ganz und gar machtlos zu sein in einer Situation, fühlt man sich wie ein junges, gescholtenes Kind, kann man sich fragen, ob das so denn überhaupt noch stimmt und sich daran erinnern, dass man ja auch eine erwachsene Frau oder ein erwachsener Mann ist und sich durchaus auch wehren kann. Manchmal genügt ein etwas erstaunter Blick im Sinne von: „Wagst du wirklich, so mit mir umzugehen?" Oder Sie fragen einfach einmal zurück, ob dieser Ton wirklich „richtig" ist. Natürlich löst das einen Konflikt aus, aber dafür bleibt die Selbstachtung gewahrt.

Sowohl die Ärgererfahrung als auch die mögliche Aggressionsäußerung haben einen engen Zusammenhang mit diesen zum Teil uns unbewussten Komplexen. Das heißt aber nicht, dass man daran nicht arbeiten könnte, auch unsere Komplexe sind in unserer Verantwortung.

Der fehlende Ichpol des Komplexes

Es gibt nun aber die Möglichkeit, dass bei der Verinnerlichung der Komplexe der Ichpol zu fehlen scheint. Internalisiert erscheint nur der angreifende, dominierende Erwachsenenpol des

Komplexes. Damit sind wir wiederum beim Thema der Auto-aggression. Auch bei dieser Form haben wir entwicklungspsychologisch gesehen ein Ich in Entwicklung und grenzsetzende Menschen, aber die wurden als grundsätzlich ablehnend erlebt, grundsätzlich, nicht einfach nur in einer Situation. Und hier bleibt dem Kind dann nur noch, sich unbewusst mit dem Angreifer zu identifizieren. In diesen Zusammenhängen trifft man auch einen mörderischen Hass auf diese Angreifer und Angreiferinnen an, der zunächst unbewusst ist, sich unterschwellig aber als Hass auf alles zeigt, was ist, inklusive sich selbst. Als Komplexbilder werden übergroße, brutale Menschen gezeichnet, die Angst und Schrecken verbreiten. Fragt man nach dem Kind, erhält man oft die Antwort, das habe sich gerade verkrochen oder sei in den Boden gesunken. Auch bildhaft wird deutlich, dass der Ich-Pol sich hier nur als abwesend, allenfalls noch im Fliehen darstellen kann, sich als Gegenüber in einem Konflikt nicht sehen kann.

Bei diesen Menschen geht es um eine schwierige bis gescheiterte Individuationsentwicklung; Individuationsentwicklung so verstanden, dass Kinder autonomer werden, also immer mehr selbstbestimmt und immer selbstständiger. Die Entwicklung zur Autonomie ist schwierig bis fast unmöglich, wenn Kinder total abgelehnt werden oder sich total abgelehnt fühlen. Es ist ja nicht so, dass bei jedem Kind jede elterliche Haltung gleich ankommt, das sind immer Beziehungsgeschichten, bei denen zwei Menschen beteiligt sind. Es gibt Menschen, da fühlt man sich sehr schnell abgelehnt, und es gibt andere Menschen, die können einem ziemlich ungeheuerliche Dinge sagen, und man fühlt sich immer noch nicht abgelehnt. Die Frage der Akzeptanz oder der Ablehnung in den Beziehungen ist auch geheimnisvoll. Hat sich ein Kind sehr abgelehnt gefühlt, muss das nicht heißen, dass die Eltern es wirklich abgelehnt haben. Möglicherweise konnte die Sprache der Akzeptanz nicht verstanden werden, oder die beiden passten einfach nicht zusammen. Aber es ist ernst zu nehmen, dass es sich abgelehnt gefühlt hat. Und es spielen nicht nur Eltern und Beziehungspersonen eine Rolle. Kinder, die Schwierigkeiten mit ihrem Körper haben, schwere Krankheiten erlitten haben oder mit sehr beeinträchtigenden Missbildungen leben müssen, fühlen sich oft auch diffus vom Leben abgelehnt. Das ist auch zu beachten, weil ja so leicht eine wenig hilfreiche Schuldzuschreibung an die Eltern, an die Mütter gemacht wird, auch das ist komplexhaft. Es gibt aber eben auch eine Interaktion zwischen zwei Menschen, und das Kind beeinflusst auch, nicht nur die Eltern. Eine solche Interaktion kann habituell glücklicher oder unglücklicher sein, manchmal stimmt einfach die Chemie nicht. Gelegentlich haben Sie ein Kind, das besser eine andere Mutter hätte und umgekehrt.

Diese schwierige bis gescheiterte Individuationsentwicklung bewirkt, dass der Selbstwert sehr gering ist und die Eigenaktivität schwach entwickelt. Das bedeutet weiter, dass die Trennungsaggression nicht eingesetzt, die Selbstbehauptung nicht gewagt werden darf. Kinder, die trotzig sind, die können sich das auch erlauben, die sind in der Regel verlässlich gebunden, deshalb können sie ihre Grenzen auch ausprobieren. Sie können auch ganz ekelhaft sein, weil sie wissen, dass sie sich das leisten können. Es gibt aber Kinder, die ungeheuer brav sind, weil sie unbewusst wissen, dass man sie nur liebt, dass sie nur sicher sind, wenn sie brav sind. Das ist eine der Voraussetzungen zur Entwicklung einer depressiven Struktur.

Es ist etwas ganz Wichtiges, dass Kinder trotzen, aggressiv sein und sich ärgern dürfen, das heißt aber nicht, dass man ihnen jede Aggressionsäußerung durchgehen lassen muss. Und sie sollten erfahren können, dass die Eltern zwar Grenzen setzen, sich aber nicht rächen. Hat nun ein Kind aber schon keine Daseinsberechtigung, weil es einen ursprünglich negativen Mutterkomplex[5] hat, hat es Eltern, die sich rächen müssen, dann kann es sich Ärger und Aggression nicht leisten, oder es wird hyperaggressiv. So oder so liegt ein schwaches Selbstwertgefühl vor, was dann natürlich durch Grandiosität kompensiert werden muss. Vor allem aber wird die ablehnende, verachtende Instanz des Mutter- oder des Elternkomplexes als eigenes Selbst missverstanden. Es bleibt nur die Verachtung für sich selbst.

Diese Menschen haben nicht nur ein Problem mit Aggression, sondern sie haben ein Problem mit Grenzen ganz generell. Sie haben große Schwierigkeiten, Nähe und Distanz auszutarieren. Sie sind oft grenzenlos, überschreiten Grenzen, sie kommen anderen Menschen zu nahe und lösen damit auch wieder Aggression aus. Sie können aber auch sich selber und die anderen schlecht unterscheiden voneinander, sind sich unsicher darüber, was sie selbst bewirken und was andere, wo sie effektiv sind, wo die anderen, was Aktion ist und was Reaktion. Sie haben auch Probleme mit der Autonomie, entweder haben sie wenig Autonomiestreben, sind also ganz angepasst, oder sie sind forciert autonom bis hin zu destruktiv.

Ob man zur Erklärung von Ärger und den verschiedenen Formen der daraus resultierenden Aggression von der Entwicklungstheorie oder tiefenpsychologisch von der Komplextheorie ausgeht, es geht immer um die Frage des sich zunehmend selbst bestimmenden, sich abgrenzenden Ich in der Auseinandersetzung mit etwas Bedrohlichem, Hinderndem und dem tiefen Bedürfnis, trotz allem dazuzugehören. Und alle Erfahrungen, die man mit diesem Thema gemacht hat, und es sind in der Regel viele, sind mit gespeichert. Darf aber Aggression von Anfang der Entwicklung an nicht eingesetzt werden als Trennungsaggression im Dienste einer zunächst minimalen Selbstbestimmung, dann muss man sich mit dem Angreifer oder der Angreiferin identifizieren und wird sehr aggressiv gegen sich selber und gegen außen brav, oder hyperaggressiv gegen die anderen.

Grenzen überschreiten –
das Fremde entdecken

Fremd ist uns nicht einfach, was wir noch nicht kennen. Fremd ist uns, was wir nicht kennen und was uns doch in beunruhigender Weise etwas angeht. Was zunächst noch fremd ist, uns anzieht, beunruhigt und vielleicht auch befremdet, erfordert Auseinandersetzung und langsame Annäherung, bis hin zur Eingemeindung. Fremd ist uns nicht einfach der andere Mensch, mit dieser Projektion würden wir es uns zu einfach und zu schwer zugleich machen. Das Fremde ist überall, und es geht uns in beunruhigender Weise etwas an. Das Fremde hebt ab gegen das schon Bekannte, gegen das Bewusste, gegen das, was uns schon Heimat geworden ist. Das Fremde verführt uns, unsere gewohnten Grenzen zu überschreiten, uns auf den Weg zu machen. Und je mehr Freiheit wir haben, je mehr Möglichkeiten der Entscheidung wir im Alltag haben, je mehr Freiheit wir auch intrapsychisch haben, umso mehr Fremden begegnen wir. Umso mehr werden wir fasziniert sein, oder uns ängstigen, oder die Faszination mit der Angst abwehren. Denn wenn ein Mensch mit dem Fremden in Beziehung tritt, hat sich seine oder ihre Identität bereits verändert. Und das kann Angst auslösen. Es wird zu fragen sein, was denn der Mensch, der Freiheit will und diese auch lustvoll zu erleben vermag, in seinem Identitätserleben braucht, damit er nicht aus lauter Angst vor dem Fremden wieder in eine umfassende Unfreiheit zurückfällt.

Das Fremde löst in uns Faszination und Angst aus, Angst und Faszination. Deshalb werde ich anhand dieser beiden Emotionen unser Verhältnis zum Fremden bestimmen, ich werde aber mit der Faszination beginnen, denn vor lauter Angst vor dem Fremden, geht leicht die Faszination verloren.

Die Faszination ist das Gefühl, das uns in unbekannte Räume zieht und uns diese ergründen lässt, bis sie das Geheimnis für unser Leben freigeben. Das kann unter Umständen ein Leben lang dauern. Fasziniertsein heißt gebannt sein, gefesselt sein, es ist eine Form der passiven Aufmerksamkeit. In der Faszination kommt uns das Unbekannte, Fremde unabweisbar und mit großer energetischer Anziehung entgegen. Nur das Fremde vermag uns zu faszinieren, und in der Faszination sind wir vom Fremden angezogen und dem Fremden verbunden, sei das nun ein Mensch, ein Land, eine Idee, eine Fantasie; so lange sind wir fasziniert, bis dieses Fremde preisgibt, was es für uns in sich hat und was nur in der Interaktion mit uns oder in der Interaktion von uns mit diesem Fremden entbunden werden kann. In jeder Faszination begegnen wir letztlich uns selbst, gelingt es uns, uns nicht einfach von der Faszination wegtragen zu lassen, sondern aus dem, wohin die Faszination uns zieht, allmählich die Bedeutung für unser Leben herauszufinden. Dann weicht die Kraft der Faszination; aus der Faszination ist Vertrautheit, Anhänglichkeit, vielleicht Liebe geworden. Es gibt auch die gegensinnige Bewegung: indem um etwas an sich durchaus Numinoses zusätzlich ein Geheimnis gemacht wird, die Auseinandersetzung damit gerade unterbunden wird, wird versucht, eine Faszination künstlich so lang wie möglich aufrechtzuerhalten (religiöse Systeme, geheimnisvolle nicht näher zu bestimmende psychologische Theorien). Das gelingt aber nicht auf die Dauer: auch das lässt die Faszination erlahmen, denn Faszination lebt aus der Interaktion zwischen dem, was als numinos erlebt wird, und unserer Identität.

Die Faszination zieht uns aus dem Gewohnten, es ist ein Anruf des Unbekannten an uns selbst, mit einer ausgesprochenen Dringlichkeit und Heftigkeit. Das Ich kann sich diesem Gefühl nur schlecht entziehen. Das lateinische Wort „fascinare" wird mit „verzaubern", „verhexen" übersetzt. Es ist, als ob uns etwas ungefragt mit einem Bann belegen würde. Das kann auf der

Ebene der Vitalität geschehen, aber grundsätzlich können wir fasziniert sein von allem, was es anzutreffen gibt auf dieser Welt. In der Faszination kommt uns aus der Mitwelt auch unsere Innenwelt entgegen. Und die Faszination verlangt vom Ich gebieterisch eine extensive Hingabefähigkeit. Verzaubert, gebannt – der „Faszinierte ist wie mit unsichtbarer Schlinge gebunden"[1], an der auch noch gezogen wird, deshalb sind auch die Motive der Leine, der goldenen Fäden oder Fesseln, durch die der Mensch gebunden und zugleich gezogen wird, Symbole, die mit Faszination in Verbindung stehen.

Wer oder was aber zieht uns? Wovon werden wir gezogen? Im Rahmen der verschiedenen Schulen der Tiefenpsychologie hat es sich eingebürgert, in diesem Zusammenhang vom Fremden in der eigenen Seele zu sprechen, von dem, was anzusehen ist, was bewusst zu machen ist. Dabei geht es um das Verdrängte, das wir nicht wahrhaben wollen, es geht aber auch um das, was in unserem Leben ansteht, um zukünftige Entwicklungsmöglichkeiten. Die jeweils konstellierten Inhalte unseres Unbewussten – nicht einfach das Unbewusste als Ganzes – üben diese Faszination aus, und lassen das Ich einen Zustand der Unfreiheit erleben. Jung spricht in diesem Zusammenhang von der Wirkung der Archetypen als vom „fascinosum et tremendum".[2] Dies besonders im Zusammenhang mit den übergeordneten Archetypen des Selbst und von Anima und Animus. An anderer Stelle spricht er von Göttern oder von einem Gottesaspekt, mit dem der Mensch zusammenstößt.[3]

Wenn wir fasziniert sind, vergöttern wir auch jemanden oder etwas. Dabei kann das Ich dieses Numinose nicht bewältigen, sondern ihm gegenüber nur geöffnet sein, sich ergreifen lassen „im Vertrauen auf seinen Sinn".[4] „Gezogen", angerufen sind wir in der Faszination von etwas, das auf jeden Fall über die jeweils bekannte Identität weit hinausgeht, und deshalb auch über sie hinausführt, uns daher auch in unserer Identität verunsichert und diese verändert. Zwar erlebt sich das Ich im Zustand des Faszinertseins als belebt, als in Verbindung stehend mit etwas Bedeutsamem, das über das aktuelle Gewordensein dieses Ichs hinausgeht, gleichzeitig aber auch als besetzt von etwas, das unbedingte Hingabe zwingend erfordern würde. Ein ausgesprochen doppeltes Gefühl: ein Interesse, das entzückt, und uns selbst damit auch entzückend interessant macht – und ärgerlich. Es besteht keine Möglichkeit, der Faszination zu entgehen, außer man verdrängt sie, spaltet sie ab, verkehrt sie ins Gegenteil: in Langeweile.

Die Faszination macht Angst und wird deshalb auch eher kritisch gesehen. So sagt etwa Jung in „Psychologie und Alchemie",[5] die Gefahr, überantwortet man sich dieser Faszination, besteht in einer „Auflösung der Persönlichkeit" zum Beispiel in einzelne Komplexe. Das würde man heute als Dissoziationen bezeichnen. Er empfiehlt die Unterscheidung des persönlichen Ich vom ewigen Menschen in uns, die Unterscheidung zwischen dem Ich und dem Unbewussten.[6] Praktisch hieße das, sich von der Faszination ergreifen zu lassen, sie zu gestalten, die Fantasien zuzulassen, die aus ihr erfolgen, und diese in eine Relation zur „alten" Identität zu setzen; das heißt, das in der Faszination Erlebte so weit als möglich in die alltägliche Welt zurückzubringen. Gefährlich wäre es, den faszinierenden Inhalten des Unbewussten kritiklos zu folgen. Ebenso gefährlich ist es, die Faszination total abzuwehren. Das käme einem Entwicklungsstillstand gleich, einer Situation, in der wir unser Leben gleichsam eingefroren haben – einem Zustand der Unlebendigkeit, der Depression, der Resignation –, das Fremde würde man dann nur noch in der Projektion auf die Fremden erleben, und dort bekäme es dann für uns einen bedrohlichen Charakter.

Es ist aber andererseits auch klar, dass der Mensch sich nicht unbegrenzt auf Fremdes einlassen kann – es muss ein sicherer Boden da sein, von dem aus man sich mit dem Fremden einlassen kann.

Die Faszination ist ein heftiges Gefühl, und nur als heftiges Gefühl vermag sie es, uns dem zur Gewohnheit Gewordenen zu entreißen. Die Faszination ist ein kraftvolles Gefühl, zugleich ein lustvolles und Ärger erweckendes Gefühl, sie konzentriert unsere Energien, sie bringt uns in eine eindringlich eindringende Haltung. Die Faszination will von uns, dass wir, metaphorisch gesprochen, das Feuer aus dem Stein schlagen wollen. Faszination ist gleichsam die vitale Vorform des Eros, es fehlt ihr aber die Freiwilligkeit, die diesem eignet. Die Faszination ist auch nah bei der Sehnsucht anzusiedeln, auch in der Sehnsucht kommt uns aus unserer eigenen Seele das entgegen, was zur momentanen Ganzheit des Lebens fehlt, der Sehnsucht fehlt aber der zwingende Charakter, der die Faszination ausmacht.

Die Faszination holt uns hinaus in das Fremde unserer eigenen Persönlichkeit – und sie befremdet uns. Da sie die Wandlung unserer Identität zum Ziel hat, kann sie leicht zu Identitätsproblemen führen; dann ängstigt uns die Faszination, und wir wehren sie ab. Andersherum: Die Faszination hilft uns, die Angst vor dem Fremden zu überwinden, indem sie sie uns zunächst überspringen lässt. Irgendwann wird also doch wieder mit ihr zu rechnen sein, spätestens dann, wenn die Konsequenzen der Faszination sichtbar und spürbar werden. Ist die Angst zu groß, jetzt allgemein gesprochen aus Identitätsunsicherheiten heraus (und das gilt nicht nur für den Einzelnen), so wird das, was eigentlich fasziniert, verteufelt oder als „verhext" beschrieben. Das muss aus der Qualität der Faszination zu erklären sein: Wenn die Faszination etwas Unbedingtes meint, dann kann sie – allerdings in einem alten Denkmodell, das durch Spaltungen, durch ein Hell-Dunkel-Denken gekennzeichnet ist – nur ein Gott oder ein Teufel sein. Vielleicht meint sie aber „bloß" die ganze Hingabe an das, was gerade fasziniert, und diese wird, je nach Standpunkt, vergöttert oder verteufelt. (Ich unterscheide zwischen Hingabe und Preisgabe.)

Die Angst vor der Faszination kann auch darin gesehen werden, dass wir uns nicht unsere wirklichen Faszinationen erlauben, sondern die gesellschaftlich erlaubten Faszinationen, die uns zum Beispiel einen Orientierungsrahmen geben, wie etwa bestimmte Ideologien. Und natürlich kann man sich beispielsweise auch fragen, was denn die Faszination durch materielle Werte bedeutet. Bedeutet sie wirklich, dass auch in diesen uns so wesentlichen materiellen Werten ein Geheimnis für uns ganz persönlich verborgen ist – oder könnte es sein, dass wir weitergehende Faszinationen auf die Materie projizieren, wo sie dann aber ihren speziellen Charakter verlieren? Die Faszination durch das Mütterliche etwa in seinen vielen Ausformungen als Projektion auf die Materie und auf materielle Dinge, die uns insgeheim dann mütterliche Geborgenheit geben müssten? Und weil sie es uns nicht geben, muss immer mehr davon her?

In der Faszination, solange sie nicht abgewehrt ist, zeigt sich uns das Fremde als das Ersehnte und doch auch als das etwas Gefürchtete, als das, was das Gewohnte verändern kann, neue Aspekte unserem Leben beifügen kann. Wir fürchten dabei um unsere alte Identität, obwohl wir auch wissen, dass diese dann am bedrohtesten ist, wenn wir die Veränderung nicht mehr zulassen. Wenn wir das Fremde nicht zulassen, entfremden wir uns am meisten von uns selbst. Dennoch entscheidet unsere mehr oder weniger sichere Erfahrung unserer eigenen Identität darüber, wie sehr wir uns dem Fremden aussetzen können, wie weit wir uns unseren Faszinationen überlassen dürfen.

Wem gelingt das einigermaßen? Wo können wir lernen? Im Umgang mit dem Fremden haben schöpferische Menschen eine Modellfunktion. Ihnen gelingt es, aus der Faszination durch das Fremde, durch diese Faszination etwas Eigenes zu machen, das nicht nur für sie eine Bedeutung hat. Schöpferische Menschen haben nicht notwendigerweise eine bessere Identität als andere, aber sie sind möglicherweise mehr gewohnt als andere, ständige Identitätsprobleme zu haben, ständig neu auf der Suche nach ihrer Identität zu sein, nach ihr zu fragen und nicht anzunehmen, dass diese ein für allemal feststeht. Identität ist etwas, das ein Leben lang wird, Identität steht nicht ein für allemal fest, und es ist dem Phänomen der Identität angemessen zu wissen, dass wir ständig auf der Suche nach ihr sind, als eine Lebensaufgabe, statt dass wir sie als ein für allemal weitgehend feststehend begreifen. Auch sind schöpferische Menschen vielleicht eher gewohnt, mit Ichspaltungen zu arbeiten, indem sie vorübergehend ganze Bereiche ihrer Identität ausblenden, ohne das Gefühl der Einheit der Person zu verlieren. Sie sind angezogen vom Fremden und haben die Fähigkeit, sich vom Fremden betreffen und ergreifen zu lassen. Die innere Repräsentanz des Fremden ist bei ihnen bestimmt mehr von Neugier und Interesse als von Angst geprägt. Diesem Fremden geben sie dann – oft in anstrengender Arbeit – den ihnen eigenen Ausdruck. Schöpferische Menschen haben einen ausgeprägten Gestaltungswillen.

Was also können wir von ihnen lernen? Wir können von ihnen lernen, dass wir unseren Identitätsbegriff verändern müssen: Identität hat man nicht, man sucht sie immer wieder, und man gewinnt sie ganz besonders durch die Auseinandersetzung mit dem Fremden. Es geht dabei um so etwas wie eine „flexible Identität". Darüber hinaus: Gefühle der Identität können dadurch, indem sie gestaltet werden, ganz entschieden erlebt und gesichert werden. Das Gestalten sowie die Überzeugung, etwas gestalten zu können, sind ganz wichtige Aspekte der Ichaktivität, einem wesentlichen Aspekt der Identität. Um Faszination zulassen zu können, müssen wir überzeugt davon sein, dass wir das Erlebte auf irgendeine Weise auch gestalten können.

Faszination und Angst

Das Fremde wird von uns leicht auf die Fremden projiziert – als die, die eben nicht zu uns gehören. Nun sind das nicht einfach die Ausländer, sondern es können auch Menschen der eigenen Ethnie sein, die uns „fremd" sind, etwa ein Leben führen, das uns fremd ist. Faszinierend sind diese Fremden für uns, wenn sie weit weg sind, wenn sie nicht in unsere wirkliche Nähe kommen und damit unser Gewordensein in Frage stellen, und dazu noch Futterneid auslösen. Kommt aber das Fremde in unsere Nähe, dann können wir die beunruhigende Projektion nicht mehr aufrechterhalten, sie nicht mehr bei ihnen deponieren, dann geraten wir in Angst und wehren die Faszination ab. Wir wollen die Identitätskrise nicht. Situationen, in denen wir fasziniert sind, bringen uns in mehr oder weniger ausgeprägte Identitätskrisen, als eine mögliche Voraussetzung für die Wandlung der Identität.

Und umgekehrt: in Umbruchzeiten in unserem Leben haben wir eine weniger kohärente Identität; die erlaubt es uns, mehr Faszination, aber auch mehr Angst zu erleben.

Nun ist Identität nicht nur eine persönliche Angelegenheit. Wir haben auch kollektive Identitäten, die nationale Identität etwa, eine europäische Identität usw. Von diesem kollektiven Aspekt der Identität sagen wir, sie sei auch im Umbruch. Orientiert man sich an der Geschichte, dann fällt auf, dass diese kollektive Identität als Europäer zum Beispiel schon mindestens seit 1914 im Umbruch ist. Unsere Vorstellung, es hätte einmal eine unverbrüchlich feststehende Identität gegeben, ist wohl ein rückwärts projiziertes Wunschbild. Dessen ungeachtet hat sich aber die Frage nach der persönlichen Identität im Laufe dieses Jahrhunderts wohl immer mehr verschärft, da viele Regeln und haltende Strukturen weggefallen sind. Dazu beigetragen hat auch der zunehmend geringer werdende Einfluss der Religion. Sehr vieles, was Menschen gehalten hat, hält nicht mehr. Deshalb kann sich der Einzelne oder die Einzelne wesentlich weniger gut in einer kollektiven Identität finden, also muss die individuelle Identität gesucht werden und besser tragen als zuvor.

Wenn nun der Ruf nach einer sichereren Identität erschallt, damit Probleme mit den Fremden, aber auch Probleme der Gewalt weniger entstehen, so ist es verkürztes Denken, dabei wiederum nur die Mutter-Kind-Beziehung im Auge zu haben. Die Mutter-, Vater-Kind-Beziehung begründet bestimmt einen wichtigen Aspekt der Identitätsbildung, aber es gibt viele Aspekte der Identitätsbildung, die wir selber leisten können, und es gibt auch die kollektive Identität, die uns beeinflusst und die wir beeinflussen können.

In Umbruchsituationen wird unsere Identität einer Zerreißprobe unterworfen: das Alte gilt nicht mehr, das Neue fasziniert zwar, ist aber noch nicht fassbar, und darüber hinaus wissen wir nicht, ob das Neue nur neu oder auch lebenswert ist. Das ist typisch für Übergangsphasen, und dieses Erleben löst eine diffuse Angst aus. Dieser Angst muss man sich stellen, das Risiko auf sich nehmen. Verdrängen wir die Angst, jammern wir immer nur dem Vergangenen nach und verpassen dabei die Zukunft. Wir sind dann unlebendig, wir können die anstehenden Probleme nicht lösen, die andrängenden Entwicklungen nicht aufnehmen. Verdrängen wir die Angst, so erliegen wir einer generellen Angst vor Veränderung, die sich etwa so zeigt, dass man darauf beharrt, dass es so weitergehen kann, dass sicher kleinere Veränderungen nötig sind, dass man aber schon immer einen Weg gefunden hat …

Eine generelle Verdrängung der Angst führt dazu, dass nicht wahrgenommen wird, dass vielleicht eine grundsätzliche Veränderung des Lebens ansteht: Man arbeitet dann unter Umständen hart an den Problemen von gestern und übersieht die von heute.

Die Angst vor dem Neuen

Angst zu spüren heißt, sich von einer Gefahr ergriffen fühlen. Diese Gefahr kann von anderen Menschen auch gesehen werden, sie kann aber auch in mehr subjektiven Befürchtungen bestehen, also mehr in unserer Vorstellung sein. Wir erleben aber selten die nackte Angst, wir gehen sofort in irgendeiner Weise mit dieser Angst um: Wir gehen zum Angriff über, werden aggressiv oder destruktiv, verändern etwas, ziehen uns zurück, suchen Hilfe, machen neue Gesetze, wir bannen die Angst, oder wir verleugnen sie.

Wir Menschen stecken voller Ängste, denn wir sind zerbrechlich. Letztlich wurzelt unsere Angst immer auch in der Todesangst, in der Angst, unsere Existenz zu verlieren oder zumindest keine Zukunft mehr zu haben. Das Ich fühlt sich in der Angst vorübergehend vernichtet. Das ist das Identitätsproblem, das wir haben, wenn wir von der Angst ergriffen sind: Wir haben dann das Gefühl, vernichtet zu sein, keine Existenzberechtigung zu haben. Deshalb die schnelle Abwehr der Angst, denn wir Menschen ertragen es nicht, uns vernichtet zu fühlen. Doch Menschen haben nicht nur Ängste, sondern sind auch mutig, wir können leben angesichts der Bedrohung durch den Tod. Dass wir sterblich sind, fordert uns geradezu dazu heraus, Spuren zu hinterlassen. Wir können mit der Angst umgehen – meistens.

Die Angst, meist als Angst vor möglicherweise eintretenden größeren Verlusten oder Misserfolgen in allen möglichen Lebenszusammenhängen, als Angst vor dem Verlust der Selbstachtung und der Selbstsicherheit erlebt, also als Einbruch in unserem Identitätserleben, signalisiert uns, dass wir von einer Gefahr ergriffen sind. Die Angst kann uns aktivieren und stimulieren, Alternativen zu suchen, sie kann unsere Kreativität anstacheln. Zu viel Angst lähmt uns, zu viel Angst kann uns zerbrechen. Angst schafft aber auch die Monster, schafft die böse Welt, Angst macht die Welt viel böser, als sie vielleicht ist.

Die Angst vor dem Fremden sieht nicht das Neue, das sich im Fremden ankündigt, sondern das bedrohte Alte, das Eigene, was man sich nicht nehmen lassen möchte und kann. Möglicherweise steht dahinter ein massiver Zweifel, ob unser Ich einer Kontaktnahme mit dem Fremden gewachsen wäre. Im Zusammenhang damit steht die Angst, dass die „übersichtlichen Verhältnisse", die wir in Wahrheit natürlich nie haben, durch das Fremde unübersichtlich werden; dass wir die Geborgenheit in unserer Identität verlieren könnten. Das Fremde ist aber immer schon da. Intrapsychisch wird all das, was wir Schatten nennen, als etwas Fremdes erlebt, das, was wir fremd gemacht haben, weil wir es nicht mitleben lassen. Dieser Schatten löst Angst, aber durchaus auch eine gewisse Faszination aus, besonders dann, wenn andere ihn für uns leben. Mehr Faszination, aber durchaus auch Angst, lösen Anima und Animus aus, die in faszinierenden Gestalten des geheimnisvollen Fremden uns etwa im Traum erscheinen und/oder nicht selten auf einen Menschen projiziert werden, der oder die uns dann fasziniert. Auch hier ist neben der Belebung und der Beglückung die Angst davor zu spüren, der Faszination zumindest nachzugehen, geschweige denn nachzugeben. Das wäre aber durchaus sinnvoll und notwendig, denn Animus und Anima haben einerseits die Funktion, uns von den Elternkomplexen abzulösen, das heißt, uns in unser Eigenes hineinzuführen, andererseits sind Anima und Animus Gestalten, die uns zu unserer Mitte hinführen, also eine gewisse Spiritualität ermöglichen. Wenn wir uns aber ängstigen – und das ist bis in die Theoriebildung hinein festzustellen –, werden diese Gestalten in ihrer Bedeutung sofort wieder eingeschränkt auf Übersichtlichkeit hin. In der Theoriebildung wird das etwa daran ersichtlich, dass ganz selten diese Gestalten in ihrer faszinierenden und auch ängstigenden Wirkung, samt den damit verbundenen Fantasien, die den Menschen enorm beleben und die immer neue Fantasien nach sich ziehen, belassen werden, sie werden dann rasch auf eine eingeengte Begrifflichkeit hin gedeutet und dadurch ihres ganzen Zaubers beraubt. Damit ist zwar die Angst gebannt, aber der ganze utopische Charakter dieser inneren Repräsentationen, die uns in die Zukunft und in unser eigenstes Leben hinein verführen würden, ist dann geopfert. Um mit Bloch zu sprechen: Die „archetypisch eingekapselte Hoffnung", die gerade mit den Archetypen von Animus und Anima verbunden ist, kann dann nicht mehr entbunden werden. Der Antagonismus von Angst und Faszination wirkt im Zusammenhang mit dem intrapsychisch Fremden, aber auch mit dem interpersonell Fremden. Auch die Fremden sind immer schon da. Auch wenn sie nicht bei uns sind, gibt und gab es sie schon immer.

Und auch in der Auseinandersetzung mit fremden Menschen befürchten wir, dass unsere Eigenart verwässert werden könnte, möglicherweise fürchten wir aber noch mehr, dass wir eine Geborgenheit im gewohnten Wir-Erleben verlieren könnten. Das ängstliche Ich denkt nicht daran, dass es verschiedene gemeinsame Welten gibt auf dieser Welt, dass man verschiedene Wirgefühle nebeneinander haben kann, dass vielleicht gerade das Wissen darum, dass wir verschiedene Wirgefühle mit verschiedenen Menschengruppen aufbauen können, die gute Identität ausmacht, dass gerade das uns eine neue Form von Geborgenheit geben könnte. Da auf den fremden Menschen oft unser Schatten projiziert und an ihn delegiert wird, entsteht auch die Angst, dass mit den fremden Menschen all das in unser Leben träte, was wir nicht wollen, was wir an uns nicht akzeptieren könnten. Eine weitere Angst im Zusammenhang mit dem fremden Menschen ist, dass wir zu sehr teilen müssten, dass wir letztlich zu kurz kämen, dass dieser vielleicht auch vitaler für ein besseres Leben kämpfen würde als die Eingesessenen. Der Futterneid stammt zum einen aus der unbewältigten Geschwisterrivalität und aus der Schwierigkeit, auf Vorteile, die man nun einmal hat, zu verzichten.

Die Angst vor dem Fremden und vor den Fremden zeigt uns, dass ein Augenmerk auf die persönliche Identität, aber auch ein Augenmerk auf mögliche kollektive Formen der Identität zu werfen ist; dass es eher möglich ist, mit Fremden in Kontakt zu treten, wenn Menschen die Überzeugung haben, dass sie sich immer wieder in einer gewandelten Identität mit sich identisch fühlen können. Die Frage ist also, wie man mit der Angst so umgehen kann, dass aus der Angst Kompetenz im Umgang mit Bedrohlichem wird. Kompetenz ist ein wichtiger Aspekt unserer Identität.

Produktiv mit Angst umgehen

Natürlich weiß man, dass man sich der Angst stellen sollte, mit ihr umgehen sollte, dass man sich nur so entwickelt und in der Auseinandersetzung mit den Bedrohungen, die immer da sein werden, kompetent wird. Man weiß, dass man sich mit der Zeit überhaupt nichts mehr zutraut und immer ängstlicher, immer lebensuntüchtiger wird, wenn man der Angst immer wieder ausweicht. Und in der Regel wird man auch immer abhängiger von Menschen, die angeblich besser zu leben verstehen, das Leben besser im Griff haben. Man zieht sich dann zurück, entwickelt Tendenzen, alles im Leben kontrollieren zu wollen, verweigert sich den Wandlungen des Lebens.

Angst gehört zum Menschen, sie ist ein wichtiges Anzeichen dafür, dass wir in einer Situation, die Angst auslöst, achtsam sein müssen, achtsam mit dem Leben umgehen müssen.

Angst ist die Emotion, die wir dann erleben, wenn wir uns bedroht fühlen oder ein bedrohliches Ereignis erwarten, uns zugleich aber dieser Situation hilflos ausgeliefert fühlen.

Sie ist ein emotionaler Zustand des Organismus, gekennzeichnet als betont unangenehm erlebter Erregungsanstieg, bei Wahrnehmung einer komplexen mehrdeutigen Gefahrensituation, in der eine adäquate Reaktion des Individuums nicht möglich erscheint. Angst setzt dann ein, wenn etwas, das uns persönlich als sehr wertvoll erscheint, in Gefahr ist. Die Angst bringt uns dann dazu, das für uns Wertvolle zu erkennen, es zu retten oder neue Werte zu schaffen. Um das zu können, müssen wir aber die Angst zulassen. Da die Angst aber als unangenehm erlebt wird und es auch nicht gerade ein gesellschaftlich anerkannter Wert ist, Angst zu haben und sie auch auszudrücken, versuchen wir uns so rasch als möglich von ihr zu befreien. Frauen dürfen etwas eher Angst zulassen als Männer. Ob wir aber Angst zulassen können, entscheidet darüber, ob wir uns verändern und ob wir die Umwelt verändern.

Mut zur Angst ist also gefragt. Selbstverständlich ist nicht der ängstliche, ständig zögernde Mensch gemeint, dessen Unentschlossenheit gerade schon eine Folge des Fehlens des Mutes zur Angst ist, sondern Menschen, die in bestimmten Situationen spüren, dass sie in ihrem Eigensten bedroht sind, dass das Leben jetzt bedroht ist, die betroffen sind von diesem Spüren und Abhilfe schaffen wollen.

Angst äußert sich als *Spannung*. Insofern wird alles, was uns entspannt, zur Entängstigung beitragen.

Angst setzt dann ein, wenn wir eine komplexe, mehrdeutige Gefahrensituation wahrnehmen, das erfüllt uns mit *Ungewissheit*. Ungewissheit stiftet Verwirrung. Können wir diese Ungewissheit aushalten, stellt sich nach einiger Zeit wiederum eine neue Gewissheit ein. Alle schöpferischen Prozesse beginnen damit, dass man verunsichert ist, dass man verwirrt ist, dass man etwas erkennen möchte. Verwirrung auszuhalten ist aber kein erstrebenswerter Wert in unserer Gesellschaft: Wir sollen immer ganz schnell wieder Gewissheit haben, den Durchblick haben. Das bedeutet aber oft auch, dass wir keine kreativen Lösungen finden, sondern nur die allernotwendigste Anpassung an die neuen Gegebenheiten leisten.

In Zeiten der Ungewissheit sind wir auch bereiter, auf Einfälle zu rekurrieren, Träume wahrzunehmen, in der Fantasie etwas auszuprobieren. Das können wir aber alles nur, wenn wir nicht zu sehr Angst haben, wenn die Angst uns nicht zu sehr lähmt.

Wenn wir uns von einer Situation bedroht fühlen, wenn wir verwirrt sind, suchen wir Sicherheit. Das Gefühl der *Hilflosigkeit* verlangt nach Hilfe. Wir suchen meistens Menschen auf, auf die wir uns verlassen können, die von der Situation weniger gelähmt sind. Problematisch wird es dann, wenn wir sozusagen anderen Menschen die Verantwortung über unser Leben übergeben.

Wünschenswert wäre es, dass wir Menschen finden, die sich durchaus auch betreffen lassen, die aber so viel Grundvertrauen ins Leben haben – oder miteinander aufbauen durch ein Wirgefühl –, dass gemeinsam die bedrohliche Situation wirklich gesehen werden darf und dass schöpferische Vorschläge zur Veränderung der Situation wahrgenommen und aufgenommen werden können. Das Erleben eines Wirgefühls ist dabei außerordentlich wichtig, sind wir doch in Situationen, in denen wir uns ängstigen, in unserer Identität fast vernichtet. Der Verlust der gewohnten Identität kann zum Beispiel so erlebt werden, dass man sich selber nur noch als Angstperson wahrnimmt. Diese sieht bei den verschiedenen Menschen verschieden aus, sie ist aber immer hilflos (meistens auch kopflos). Viele Menschen aber treffen nicht ihre Angstperson, sondern immer nur ihre Aggressions- oder Destruktionsperson. Sie wehren die Gefühle der Angst und der Vernichtung ab, indem sie andere ängstigen und indem sie zerstören. Durch die im zerstörerischen Handeln erlebbare Ichaktivität ist der Selbstwert für eine kurze Zeit stabilisiert; nachfolgende Schuldgefühle allerdings bewirken, dass der Selbstwert erneut unter Druck gerät, die erneut auftretenden Angstgefühle werden dann mit noch mehr Destruktivität beantwortet; dadurch entsteht leicht eine Spirale der Destruktivität.

Im Wirgefühl hingegen – möglichst entstanden aus der Zugehörigkeit zu Menschen, die von uns wissen, dass wir auch mehr sind als diese Angstperson – finden wir eine gewisse Geborgenheit, die uns auch wieder mehr zu unserem ausgeglicheneren Selbstwertgefühl zurückbringen kann. Dieses Angewiesensein auf das Wirgefühl kann sich natürlich auch fatal auswirken, wenn man dieses „Wir" bei Menschen findet, die alle anstehenden Änderungen nicht sehen wollen. Leider können Gruppen, die ein sehr einfaches, ideologisches, oder ein sehr aggressives Programm haben, ein starkes Wirgefühl leichter vermitteln als Gruppen, die sich nicht im Besitz *der* Wahrheit wähnen, die selber auf der Suche sind, immer wieder auch überprüfen, ob das, was sie vorschlagen, wirklich auch zu verantworten ist. Hier ist auch anzumerken, dass durch das Erzeugen von Angst Menschen sehr leicht manipuliert werden können. Man macht Menschen durch das Schüren von ganz basalen Ängsten unsicher und hilflos: Angst vor Verlust der Arbeit, Angst vor Verlust der Wohnung, Angst, nicht mehr genug Geld zu haben für den Lebensunterhalt, Angst, die Partnerin, den Partner zu verlieren. Solche Angst, verpackt mit einer einfachen Ideologie, die die vermeintlichen Sündenböcke für diese Misere deutlich und eindeutig markiert, verunsichert ungemein. Dann wird versprochen, ganz schnell und einfach Abhilfe zu schaffen. Ist das alles noch gekoppelt mit dem Versprechen, dass das Anliegen notfalls auch militant durchgesetzt wird, dann spüren die Geängstigten, dass sich hier jemand wenigstens noch um sie kümmert in ihrer Verzweiflung. Etwas „machen" zu können, oder die Aussicht, „dreinschlagen" zu können, gibt die Möglichkeit, sich für einen Moment in der Ichaktivität zu spüren, was bereits wieder etwas entängstigt, indem die Hilflosigkeit vermeintlich überwunden ist; die Identität ist für einen Moment gerettet, aber eben nur für einen Moment.

Menschen in manipulatorischer Absicht zu ängstigen, ist etwas vom Unethischsten, was wir tun können, und doch wird es tagtäglich getan. Und man kann sich geradezu die Frage stellen, wie viel Angst zu setzen ist, damit Menschen einem ideologischen Programm in der Folge unkritisch folgen. Das ist kein konstruktiver Umgang mit der Angst.

Wenden wir uns wieder dem konstruktiven Umgang mit der Angst zu: Sicherheit aus der Hilflosigkeit heraus versuchen wir auch dadurch zu gewinnen, dass wir einerseits die Angst kontrollieren können, andererseits die Gefahren. Wir sprechen dann auch von Angstkontrolle und Gefahrenkontrolle.

Angstkontrolle: Unser Ich hat die Möglichkeit, unlustvolle Gefühle, Affekte, Wahrnehmungen, die uns gefährlich werden können, vom Bewusstsein fernzuhalten, indem wir etwa die Probleme rationalisieren, intellektualisieren, emotionalisieren usw. Wir können Abwehrmechanismen einsetzen. Das ist eine Leistung des Ichs, das damit Schutz- und Bewältigungsaufgaben wahrnimmt. Sinn dieser Abwehrmechanismen, die gelegentlich auch Bewältigungsmechanismen genannt werden, wäre es, so viel Angst vom Ich wegzunehmen, das heißt auch, so viel Selbstgewissheit zu schaffen, dass das Ich wieder in die Lage kommt, das anstehende Problem wirklich zu sehen und sich wieder auf die schöpferischen Potenzen zu besinnen. Diese Abwehrmechanismen helfen uns also, mit der Angst umzugehen; werden sie indessen einseitig, so werden sie zum Beispiel zur Ursache von Angstkrankheiten, bewirken also, dass Menschen immer mehr Angst haben und deshalb immer mehr abwehren müssen.

Gefahrenkontrolle: Sicherheit versuchen wir Menschen auch dadurch zu gewinnen, dass wir die Gefahren kontrollieren, also immer wieder versuchen, Gefahrenquellen im Leben auszuschalten, das Leben immer ungefährlicher zu machen. Das geschieht zum Beispiel durch Vorschriften und Gesetze, die die Gefahren minimieren oder gar ausschließen sollen. Unsere komplizierte Auseinandersetzung mit den Fremden, die auch in einer persönlichen Auseinandersetzung mit dem Fremden wurzelt, soll durch Gesetze über Einwanderung entschärft und aus dem Bereich des Ängstigenden herausgeholt werden. Weil wir Angst haben, betrogen zu werden, gibt es ein Gesetz, das das Betrügen verbietet. Auch unsere Tendenz, gegen alles und jedes eine Versicherung abzuschließen, hat mit der Gefahrenkontrolle zu tun. Diese Art der Gefahrenkontrolle suggeriert uns, dass wir alle Gefahren im Griff haben oder zumindest in den Griff bekommen können – alles ist machbar. Problematisch wird diese Form der gemeinsamen Angstbewältigung dann, wenn wir uns darauf verlassen, dass jede Gefahr auf diese Weise kontrolliert werden kann, aber auch kontrolliert werden muss. Diese Kontrolle muss initiiert werden von einer Gruppe, die diese Gefahr sieht.

Das sind oft die Überängstlichen. Wenn diese immer mehr Gefahrenkontrolle fordern, werden wir dadurch immer mehr Gesetze bekommen. Die Angst wird dann übrigens nicht mehr dort erlebt, wo sie hingehört, sondern sie wird verschoben erlebt, etwa als Angst, gegen eines der vielen Gesetze zu verstoßen. So hat ein Autofahrer zum Beispiel Angst, eine Buße zu bekommen, weil er die Geschwindigkeitslimits überschritten hat, aber nicht, weil er mit seinem Rasen einen Menschen töten könnte. Die Angst hat dann, im Sinne des Warnens, keinen rechten Sinn mehr. Die Bewältigung der Angst wird so aber auch in die Obhut der Autoritäten gegeben, von denen man annimmt, dass sie sowohl die Gefahren erkennen können als auch wissen, wie ihnen zu begegnen ist. Das bedeutet aber in der Folge, dass der Einzelne und die Einzelne politisch passiv werden, dass er oder sie sich anpassen. Das Handeln bleibt dann ichfremd. Es ist deshalb letztlich, falls nicht zusätzlich Angst vor der Autorität besteht, nicht wesentlich, ob dieses Handeln stattfindet oder unterbleibt. Ichfremdes Handeln, Apathie im Zusammenhang mit der Lebenswelt, bewirkt aber, dass wir im Bereich der Ichaktivität, einem wichtigen Aspekt des Gefühls der Identität, geschwächt sind. Das heißt aber: Wir werden noch leichter durch Angst aus unserer Ruhe gebracht.

Was vorübergehend im Umgang mit der Angst helfen kann, diese erträglicher zu machen, wird mehr Angst erzeugen, wenn dieses Mittel zur Gewohnheit wird.

Wird die *Bedrohung* aktuell erfahren, versucht man, die aktuell erlebten Befürchtungen zu analysieren, meistens auch mit anderen Menschen zusammen. Diesen Aspekt der Angstbewältigung heben die tiefenpsychologisch orientierten, analytischen Methoden in das Zentrum ihres Interesses. Sehen wir die Bedrohung dort, wo sie auch wirklich ist, sehen wir sie in etwa richtig? Wir wissen, wir können die Bedrohungen nicht auf eine objektive Weise wahrnehmen: Sie stehen immer in einem Zusammenhang mit unserer Lebensgeschichte, mit unserer persönlichen Geschichte der Bedrohungen, aber auch mit dem Grundvertrauen, das wir in das Leben haben und das uns mehr oder weniger dazu befähigt, vertrauensvoll schwierige Situationen anzugehen.

Im Zusammenhang mit der Bedrohung steht immer auch ein Wert, der in Gefahr ist. Wirksam die Angst bekämpfen können wir dann, wenn wir einen Wert, der in Gefahr ist, durch einen anderen höheren Wert ersetzen können. So könnte zum Beispiel der Wert, das Gesicht unter keinen Umständen zu verlieren, ersetzt werden durch den Wert, in einer Situation echt und authentisch zu reagieren, auch wenn man dadurch das Gesicht verliert. Der Wert einer makellosen Persona würde dann ersetzt durch den Wert von mehr existenzieller Echtheit. Der Wert der wenig veränderten statischen Identität könnte zum Beispiel ersetzt werden durch den Wert einer flexiblen Identität – einer Identität, die in ständiger Veränderung in Auseinandersetzung mit dem Fremden ist. Wir sind gewohnt, in alten Wertordnungen zu denken, dabei könnte gerade die Wertkrise dazu führen, dass wir uns klar machen, welche Werte unsere bedrohten Werte für den Moment gültig ersetzen könnten.

In unseren Träumen und Fantasien taucht vieles auf, was Angst macht. So können die jeweiligen Ängste auch in ihrer Genese deutlich werden. In vielen geträumten oder fantasierten Situationen wird die Angst aber auch gebannt: Sie können viel Mut machen, zur Angriffslust stimulieren, zur Verteidigung von bedrohtem Liebgewordenen. Dabei werden durchaus – zunächst auf die Individuen bezogen – Lebenswerte deutlich, die nicht den gängigen Werten entsprechen und die zur Entängstigung beitragen könnten, nähmen wir sie ernst.

Unsere Träume handeln oft vom Fremden und von Fremden. Bei einer Untersuchung von Strauch und Meier[7] stellte es sich heraus, dass 44,1 Prozent aller Traumszenerien in einer Umgebung stattfinden, die dem Träumer oder der Träumerin fremd sind. 24,6 Prozent der in den Träumen vorkommenden Personen sind Fremde. Diese Fremden können dem Träumer oder der Träumerin gleichgültig sein, oder aber heftige Gefühle auslösen. Viel

Fremdes bricht ja geradezu in unsere Träume ein. Fremdes kann aber auch als sehr faszinierend im Traum erlebt werden, als leise, geheimnisvolle Verlockungen zu einem Mehr am Leben. Im Traum muss das Fremde, das uns betrifft, angesehen und akzeptiert, integriert werden. Das ist auch eine Notwendigkeit im Umgang mit der Angst: Sie muss angesehen und akzeptiert werden.

Es gäbe also genug Ansätze, mit der Angst produktiv umzugehen, so dass wir auch kompetenter mit den Bedrohungen umgehen könnten. Man müsste nicht so viel Angst vor der Angst haben – eigentlich. Aber diese Wege sind alle verhältnismäßig mühsam. Deshalb scheint es einfacher zu sein, entweder das Bedrohliche an einige Menschen zu delegieren: an die Fremden, die uns dann vom Leibe bleiben sollen, und wenn das nicht mehr möglich ist, an einige Menschen, die schließlich mit dem Bedrohlichen umgehen können müssen und offenbar auch damit umgehen wollen – Politiker und Politikerinnen etwa –, an Autoritäten, die ja letztlich dafür verantwortlich sind und die man dann schelten kann, wenn sie gar so wenig gute Einfälle haben. Oder man gibt sich kontraphobisch: Man hat keine Angst. Man hat alles auf dieser Welt, bloß keine Angst. Man fürchtet gar nichts, es ist alles irgendwie zu machen, machbar – wenn man nur will. Alle Formen und Äußerungen von Angst bei anderen Menschen werden gerügt, verteufelt, als unangebrachte Weichheit bezeichnet. So hart gehen der Kontraphobiker und auch die Kontraphobikerin mit den Ängstlichen ins Gericht, weil sie – unbewusst – selber ängstlich sind und ein großes Angstpotenzial mit sich herumtragen. Sie haben Angst vor der Angst, und diese Angst könnte durch die Menschen, die zu ihrer Ängstlichkeit stehen, belebt werden. Kontraphobiker und Kontraphobikerinnen sind gefährdet, weil sie die Gefahren nicht erkennen. Sie erscheinen zwar mutig, sind es aber nicht. Der mutige Mensch unterscheidet sich von ihnen dadurch, dass dieser zwar auch daran glaubt, dass, solange es noch Leben gibt, Veränderung möglich ist, aber der mutige Mensch sieht die Schwierigkeiten, die Bedrohung – und er weiß, dass es nicht ohne Veränderungen abgehen wird.

Die Angst kann uns also daran hindern, die Probleme wahrzunehmen. Sie kann uns auch daran hindern, unsere wirklichen Faszinationen wahrzunehmen. Statt dass etwas „vergöttert" und idealisiert wird, damit es anziehender ist, und uns dadurch helfen soll, unsere Angst vor dem Fremden, vor unserer Zukunft, zu überschreiten, wird es dann verteufelt, verkleinert, entwertet. Und auch wenn wir unsere Angst wahrnehmen, wenn wir zu unserer Angst stehen, wird es immer wieder so sein, dass wir Abwehrstrategien einsetzen, die tatsächlich für einen Moment die Angst eindämmen; werden diese Abwehrstrategien aber zur Gewohnheit, dann erzeugen sie ein Mehr an Angst, führen also gerade wiederum nicht dazu, dass wir kompetent mit den Bedrohungen umgehen. Hätten wir allerdings gelernt, Angst als etwas Sinnvolles zu sehen in unserem Leben, nicht nur als etwas, das uns am Leben hindert, wir hätten wohl auch gelernt, besser mit ihr umzugehen. Aber wir haben es nicht gelernt – es ist also jetzt zu lernen.

Mit dem Verdrängen der Angst geraten wir in eine Situation der Passivität: Einmal dadurch, dass wir die Angstbewältigung an die Autoritäten delegieren und dabei einen Unterschied machen zwischen der Angst aus dem persönlichen Lebensbereich, die wir weniger leicht delegieren können, und der Angst aus dem „öffentlichen" Bereich, die wir leicht delegieren können; dabei vergessen wir aber, dass auch wir die Öffentlichkeit sind. Das Umgehen mit der Angst muss aber auch deshalb gelernt werden, weil wir durch ihr Verdrängen auch unsere Gestaltungskraft lähmen, ebenso unsere Angriffslust, die ja auch meint, dass wir Probleme in Angriff nehmen wollen, dass wir uns Ziele stecken, dass wir Leben gestalten wollen, dass wir uns durchaus noch auf eine Utopie hin ausrichten wollen. Der fehlende Wille zur Gestaltung äußert sich etwa auch darin, dass wenig Fantasien da sind, wie denn das Leben mit den Fremden und mit dem Fremden auszusehen hat. (Raus oder rein – sind wenig fantasievolle Optionen.)

Noch aus einem weiteren Grunde ist es sehr wichtig, dass wir uns unserer Angst stellen: Die verdrängte Angst verstellt uns andere Gefühle, die wir dringend brauchen.

Verdrängen wir die Angst, sind wir unbewusst von der Angst bestimmt. Wir fühlen uns dann vielleicht nicht ängstlich, sind aber ständig von vielen Befürchtungen heimgesucht. Es wird in dieser ängstlich-dysphorischen, etwas depressiv getönten Stimmung schwierig sein, Gefühle der Freude, Gefühle der Liebe zum Leben in der vollen Tiefe auch zu erleben.[8] Die Freude brauchen wir, weil wir, wenn wir uns freuen, einmal in einer ganz selbstverständlichen Weise ein gutes Selbstwertgefühl haben. Die Frage nach der Identität stellt sich uns in freudigen Momenten nicht, denn wenn wir uns freuen, erleben wir unsere Identität als fraglos sicher, wir akzeptieren uns fraglos in unserer Verbundenheit mit anderen Menschen, mit der Mitwelt, der Umwelt und mit der Transzendenz. Die Angst treibt uns in die Vereinzelung, der wir dann allerdings wieder zu entgehen versuchen, wenn wir uns einer Autorität unterwerfen; die Freude verbindet uns den Mitmenschen und natürlich auch der Umwelt. Freude haben alle Menschen: verdrängen wir aber die Angst, ist uns auch der Zugang zu vielen Freuden verstellt.

Es gibt also viele Gründe, dass wir uns unseren Ängsten so weit wie möglich stellen. Es auch öffentlich machen, dass Angst zu haben wichtig ist, dass es ebenso wichtig ist zu lernen, mit der Angst umzugehen, damit wir auch wieder das Hoffen lernen.

Im Zusammenhang mit der Angst vor der Faszination ist zu lernen, dass es diese gibt und dass sie vielleicht der größte Entwicklungsblocker ist, den es gibt. Dann sind verschiedene Verhaltensmöglichkeiten offen: Wir können uns klar machen, dass unsere Identität eine flexible Identität sein muss, wir können uns damit einverstanden erklären, dass immer wieder unser Selbstbild sich auch wandeln muss, wir können auch dafür sorgen, dass unsere Identität als sich wandelnde eine sicherere wird. Und dann können wir lernen, den eigenen Standpunkt uns immer wieder bewusst zu machen und uns gleichzeitig auch auf Faszination und Befremdlichkeit des Fremden einzulassen, Faszination und Angst zuzulassen.

Lassen wir uns von Fremde faszinieren, wird das Ausschreiten des persönlichen Potenzials möglich, löst es nur Angst und Abwehr aus, bleiben wir hinter unseren Lebensmöglichkeiten zurück. Wenn Faszination und Angst zugelassen werden dürfen, die Faszination uns begeistert sein lässt, die Angst uns gewisse Zügel an die Begeisterung legen lässt, dann lassen wir uns darauf hinweisen, dass wir auch gefährdet sind in unserer Identität, dass wir achtsam mit uns umgehen müssen. Wie wir nun reagieren, das hängt wesentlich mit unserem jeweiligen Identitätsgefühl zusammen.

Was können wir tun, um das Identitätsgefühl zu stützen? Die Theorien zur Identität sind naturgemäß sehr zahlreich und sehr kompliziert. Ich möchte deshalb die Frage mit einigen Bildern andeutungsweise beantworten.

Zu viel Fremdheit vertragen wir nicht. Wir brauchen ein paar Orientierungspunkte, die uns in einem sich ständig wandelnden Leben beheimatet sein lassen:

Was braucht der Mensch dazu? Der mythische Mensch, der ein lebendiger Mensch in einem lebendigen Körper war, brauchte einen Weltenbaum, ein Baum, der die ganze Welt miteinander verbindet: Mit Wurzeln in der Erde; die Krone des Baumes ragt in den Himmel; auf den Ästen leben die Menschen, da wird gearbeitet, geliebt, gegessen usw.; zwischen den einzelnen Etagen bewegt sich das Eichhörnchen Ratatöskr, das für nicht ganz ausgewogene Berichterstattung zwischen den verschiedenen Etagen sorgt und so den Zwist in die Welt bringt. Das mythische Bild des Weltenbaums ist ein Bild der Orientierung. In den Wurzeln befindet sich die Quelle, das Wasser des Lebens, das sich nicht erschöpft. Ich würde noch ein Feuer dazu sehen und einige Menschen, die einander wahrnehmen und erkennen und die man selber wahrnimmt und erkennt.

Diese Bilder sind nun übersetzbar auf den Alltag. Eine Frage wäre: Wo ist meine Quelle, was ist meine Quelle – zumindest heute? Und vielleicht auch für länger, Quellen wechselt man nicht so schnell. Kann keine Quelle gefunden werden, kann man sie zumindest suchen. Wo ist unser kleiner Weltenbaum? Es ist stabilisierend für unser Selbsterleben, wenn wir uns als aktive, nützliche Mitglieder auch in einer ganz kleinen Gemeinschaft eingebunden fühlen, in der wir miteinander und füreinander etwas tun. Der Weltenbaum kann sehr klein sein, die eigene Welt umfassen, in der wir uns aber anderen Menschen verlässlich verbinden in der Aktivität, die uns möglich ist. Hier ist dann auch ein Wirerleben möglich. Schmarotzen nährt den Selbstwert auf die Länge nicht.

Das Feuer: Für irgendetwas und für irgendjemanden muss man brennen auf dieser Welt.

Uns wahrnehmen, anblicken: Wir zerstören einander tagtäglich ein gutes Selbstwertgefühl, indem wir einander nicht wirklich wahrnehmen. Bestätigungen nicht geben, die dringend gewünscht werden. Wir sehen uns nicht wirklich an, bringen uns wenig Interesse entgegen. Hier wäre viel zu verändern. Wir versagen einander viel Akzeptanz, dadurch wird unser Selbstwertgefühl viel labiler als notwendig, und wir werden in der Folge destruktiv.

In diesen Bildern, scheint mir, sind Hinweise für Grundpfeiler einer hinreichend guten Identität angesprochen, auf die wir uns selbst beziehen können, auf die wir achten können, an denen wir bauen können.

Gelingt es uns, immer wieder ein hinreichend gutes Gefühl der Identität aufzubauen und in Zeiten, in denen wir unserer Identität nicht so sicher sind, darauf zu vertrauen, dass es auch wieder Zeiten geben wird, in denen es uns gelingt, eine hinreichend gute Identität aufzubauen, dann wäre es möglich, das Fremde mehr zuzulassen, uns mehr damit auseinander zu setzen, uns davon herausfordern und verändern zu lassen – dann könnten Faszination und Angst zugelassen werden. Ohne das Zulassen dieser Faszination aber riskieren wir, in unserer Entwicklung stecken zu bleiben.

Ein Weg aus der Hilflosigkeit –
Empathie mit sich selber

Angst zu haben ist etwas vollkommen Normales. Es ist auch normal, dass wir in Situationen, die in uns Angst auslösen, andere Menschen suchen, mit denen man über die Situation sprechen kann oder die einen begleiten. Dabei macht es natürlich einen großen Unterschied, ob man von Situation zu Situation jeweils eine andere steuernde Person sucht und immer wieder einen anderen Menschen steuern lässt, ob man gelegentlich auch selber steuert und ob man für andere Menschen auch eine steuernde Person ist, oder ob man absolut darauf angewiesen ist, dass ein und derselbe Mensch ständig diese Steuerung übernimmt. Wenn ein Mensch für unsere Steuerung zuständig ist, dann gerät man in eine große ambivalente Abhängigkeit von diesem Menschen. Die Menschen, die als „steuernde Objekte" gebraucht werden, spüren natürlich ihrerseits, ob ihnen reine Dankbarkeit entgegengebracht wird oder ob diese Dankbarkeit mit Aggression gemischt ist. Irgendwann funktioniert dann dieses Zusammenspiel nicht mehr – und das ist meist ganz günstig. Denn jetzt muss der Mensch, der ständig Angst hat, Verantwortung für sich übernehmen, sich entwickeln. Er muss sich etwa für eine Therapie entscheiden, in der diese Angst-Aggressions-Thematik angegangen wird.

Die Hilflosigkeit, die Suche nach Helfern und die Projektion der Aggression auf diese bewirken, dass Helfer und Helferinnen ganz leicht als Aggressoren und Aggressorinnen erlebt werden. Dies kann auch im Verhältnis zu Therapeutinnen und Therapeuten geschehen. Menschen mit einer Angststörung zeigen dieses, wie wichtig sie sind, wie sicher sie sich bei ihnen fühlen. Doch dann äußern sie Bemerkungen wie: „Ich bin ungeheuer dankbar, dass ich bei Ihnen sein darf und dass Sie sich mit mir solch eine Mühe geben. Leider haben wir jetzt nach Jahren noch immer keinen Erfolg." In diesem letzten Satz steckt passive Aggression, schuld am fehlenden Erfolg ist letztlich doch der Therapeut bzw. die Therapeutin. Die Ambivalenz, die sich in diesem Ausspruch zeigt, ist typisch für die Dynamik, die sich ereignet, wenn Menschen so ganz in den Fängen der Angst sind.

Die Identifikation mit dem Angreifer oder der Angreiferin

Wir geraten immer wieder in Situationen, in denen Menschen uns das Gefühl vermitteln, helfen zu müssen. Und aus dieser Helferposition gerät man leicht in die Aggressorenposition, und zwar dann, wenn wir Menschen etwas abnehmen, was sie eigentlich selbst übernehmen müssten. Als Helfer oder Helferin übernimmt man da Verantwortung, die einem nicht zusteht; das kann so weit gehen, dass der Hilfesuchende sich entmündigt vorkommt, und dies eigentlich auch ist.

Dass der Helfer oder die Helferin in dieser Situation auch als Angreifer oder Angreiferin empfunden wird, ist verständlich und zeigt, dass das Opfer nicht ganz in der Position des Opfers verharren möchte. Die Ambivalenz wird vom Opfer aber als äußerst unangenehm empfunden. Es findet ja sozusagen ein innerer Kampf statt, wenn man zum einen weiß, dass man den anderen Menschen absolut braucht und zum anderen ungeheuer wütend darüber ist, dass man diesen Menschen braucht. Eine Möglichkeit, aus dieser Situation herauszukommen, besteht darin, sich mit dem Angreifer zu identifizieren. Man hat dann nicht mehr den Eindruck, diesen Menschen unbedingt zu brauchen, sondern man fühlt sich diesem Menschen zugehörig. Nun treffen sich nicht mehr zwei Systeme, sondern man fühlt sich ganz und gar verbunden in *einem* System mit diesem Menschen. Und dann muss man sich keine Vorwürfe mehr machen, dass man die Probleme nicht selber löst. Wenn es nur ein System gibt, ist es egal, wer was macht.

Wie dies geschieht, lässt sich einleuchtend an einem sozialen Phänomen verdeutlichen, am Geschäft mit der Angst. Will man eine Ideologie verkaufen, dann muss man zuerst die Menschen ängstigen, die für die betreffende Ideologie in Frage kommen; man muss viel Angst unter eine bestimmte Gruppe von Menschen bringen. Diese Menschen werden in eine Opferposition gebracht. Diese Angst muss so beschaffen sein, dass sie den Eindruck und das Gefühl vermittelt, dass nichts mehr aus eigener Kraft und Anstrengung erreicht werden kann. Diese Menschen werden also hilflos, sie werden vielleicht sogar krank, denn Angst macht krank. Sie fühlen sich angegriffen und bedroht. Jetzt ist der Boden für die Ideologie bereitet. Man kann zunächst diesen Menschen noch vermitteln, in welch übler Position sie sich befinden, man kann ihnen auch die Schuld daran noch zuweisen, ängstigt also nicht nur, sondern greift auch gleichzeitig noch an, was wiederum die Angst verstärkt. Dann verspricht man ein System, das Sicherheit gibt, die Angst zum Verschwinden bringt, die angeschlagene Würde wiederherstellt. Bei uns in der Schweiz werden Werbezettel herumgeschickt, auf denen steht: „Die Einbrecher sind um Ihr Haus herum." Dann wird mit viel Statistik bewiesen, wie oft eingebrochen wird, insbesondere in Einfamilienhäuser. Auf der nächsten Seite werden dann die Bewohner dieser Häuser mit Vorwürfen überhäuft: Sie würden überhaupt nichts für die Sicherheit tun, sie seien fahrlässig. Der Leser oder die Leserin kommt sich irgendwie ertappt vor, reagiert entweder mit Wut oder mit Angst. Für die Ängstlichen wird dann eine ganz teure Sicherheitsanlage angeboten. So einfach kann das funktionieren. Bei einem Alarmsystem ist dies vielleicht noch relativ harmlos. Doch nicht mehr harmlos ist dies bei politischen Ideologien. Wenn jetzt jemand auftritt und sagt: „Ihr werdet alle eure Arbeit verlieren, aber wenn ihr unsere Partei wählt, dann werdet ihr alle wieder Arbeit bekommen. Im Übrigen wissen wir ganz genau, wer die Schuld daran trägt, dass jetzt keine Arbeit mehr da ist. Daran sind nämlich … schuld", dann werden viele, denen man Angst machen konnte, diese Partei wählen. Wenn dann diese ideologischen Angreifer gleichzeitig auch noch einen Kanal für die Aggression anbieten, die ja in der Angst verborgen mitenthalten ist, in dem möglicherweise sogar die ohnmächtige Wut, die man nicht herauslassen durfte, fließen kann, dann fühlen sich diese Menschen wieder sehr viel besser. Wird darüber hinaus auch noch Teilhabe angeboten, ein Wir-Gefühl vermittelt oder an ein Wir-Gefühl appelliert („Wir werden es miteinander schon schaffen!" „Wer, wenn nicht wir!"), ist die Identifikation mit dem Angreifer sehr verführerisch. Man wird ein glühender Anhänger dieser Ideologie, weiß aber irgendwo, dass man eben doch ein Opfer ist, denn man hat die Selbstständigkeit aufgegeben. Die Opferseite wird zwar projiziert auf die, gegen die sich die Ideologie richtet, aber die fehlende Eigenständigkeit hat dennoch psychische Auswirkungen. In der Identifikation mit dem Angreifer entfernt man sich vom eigenen Selbst. Identifiziert man sich mit dem Angreifer, dann identifiziert man sich mit einer Kraft, die nicht der eigenen Persönlichkeit zugehörig ist. Es ist eine geliehene Kraft. Diese macht uns blind für die eigene Opferposition, obwohl wir insgeheim wissen, dass wir in dieser Position sind. Diese geliehene Macht entfernt uns von uns selbst.

Die Identifikation mit dem Angreifer geschieht auch innerhalb von Familien. Kinder, die aus einer Familie kommen, in der ein sehr strafender Vater vorhanden war, können dann zum Beispiel sagen: „Ja, mein Vater war unheimlich hart, aber er hatte Recht. Er wollte aus mir einen guten Menschen machen." Auch das ist eine Identifikation mit dem Angreifer; hier wirkt ein Abwehrmechanismus, den man braucht, um die Situation überhaupt auszuhalten. Denn nur Opfer zu sein, ist nicht auszuhalten, und man findet diese Rolle ungerecht. Aus diesem Grund identifiziert man sich sowohl mit dem Angreifer als auch mit seinen Argumenten. Dadurch kann man dann zumindest für den Moment mit der Angst umgehen. Auf die Dauer gesehen ist dies natürlich überhaupt keine Möglichkeit, wirklich die Angst zu verarbeiten. Diesen Abwehrmechanismus kennt man im Übrigen auch bei Opfern von sexuellen Übergriffen. So kann zum Beispiel ein Mädchen, das missbraucht wurde, sich mit dem Missbraucher identifizieren und die Schuld auf sich nehmen, weil der Täter ihr gesagt hat, sie sei schuld, sie habe ihn verführt usw. Die Identifikation mit dem Angreifer weist auf große Angst hin.

Doch die Identifikation mit dem Angreifer beginnt schon da, wo wir ungerechtfertigte Selbstkritik üben – ich meine jetzt nicht eine gesunde Selbstkritik, in der man sich kritisch betrachtet und abwägt, ob etwas gut oder weniger gut war. Gemeint ist die Selbstkritik jener Menschen, die sich gerade nicht wirklich kritisch betrachten, sondern das eigene Handeln und Sein harsch verurteilen und sich dabei innerlich zerfleischen. Dieses Verhalten hat mit sachlicher Kritik nur wenig gemeinsam. Oft ist man dabei irgendwie mit einem Angreifer oder einer Angreiferin aus der Kindheit identifiziert, der oder die immer wieder gesagt hat: „Du machst nie etwas recht" usw. Man identifiziert sich also mit der Angreiferseite, ohne sich dessen bewusst zu sein, dass man damit selbst zum Angreifer wird. Und gerade darin liegt die Schwierigkeit: Man merkt meistens gar nicht, was man sich da antut. Und deshalb würde man nie von sich selber sagen: „Ich muss Verantwortung dafür übernehmen, dass ich mit mir so hart umgehe oder dass ich mich so ungerecht fertig mache." Man macht sich selbst herunter, kommt sich immer noch halbwegs als Opfer vor, ist aber identifiziert mit der Angreiferseite. Auch mit dieser Haltung entfernt man sich vom eigenen Zentrum und von den eigenen Gefühlen.

Es kann geschehen, dass Hilflosigkeit auch in einem Lebensbereich oder einer Situation auftaucht, in der gar keine Helfer zur Verfügung stehen oder die möglichen Helfer und Helferinnen selber hilflos werden. Diese Hilflosigkeit stellt sich etwa bei traumatisierenden Situationen, in der keine Hilfe mehr erfolgt. Durch die Identifikation mit einer Größenidee können die betroffenen Personen zumindest überleben. So erzählen zum Beispiel sexuell traumatisierte Mädchen oft, dass sie sich von ihrem Körper, dem so schreckliche Dinge passierten, „getrennt" hätten und sie wären dann bei einer wunderbaren Lichtgestalt gut aufgehoben gewesen. Eine solche Fantasie hilft zum Überleben.

Eine solche Hilflosigkeit kann sich zum Beispiel auch dann ereignen, wenn man in einem Land lebt, in dem viele Menschen, die der Regierung nicht opportun sind, verschwinden. Man wird dann nicht mehr sehr viel machen können, sondern befindet sich sehr bald in einer Opferposition. Solche Situationen ziehen unseren Selbstwert natürlich enorm in Mitleidenschaft. Unser Selbstwert ist nicht nur etwas Innerliches, das wir im Laufe der Zeit entwickelt haben, sondern er hängt auch sehr stark damit zusammen, wie wir von der Gesellschaft, in der wir leben, gewertet werden. Wird man ständig entwertet, dann fühlt man sich auch tatsächlich irgendwann entwertet, oder man muss unverhältnismäßig viel Energie aufwenden, um dieses Gefühl nicht überhandnehmen zu lassen. Man muss sich – und mögliche Gesinnungsgenossinnen und Gesinnungsgenossen – idealisieren, um eine solche Entwertung auszugleichen.

Hilflosigkeit stellt sich aber nicht nur bei solchen außerordentlich schwierigen oder traumatisierenden Situationen ein. Es gibt auch Umstände, in denen Menschen ihren Helfern und Helferinnen immer wieder deutlich gemacht haben, dass in ihrer besonderen Situation keine Hilfe gut genug ist, dass nichts wirklich hilft. In der Folge ziehen die Helfenden sich zurück. Doch auch der Mensch in der Opferposition zieht sich zurück. Was bleibt, ist, diese Opferposition zu idealisieren. Da wird dann etwa gesagt: Ich habe eine so schwierige Problematik, dass sich niemand mehr an sie heranwagt, ich kann sie nur allein tragen. In dieser Opferposition, in der man eigentlich hilflos ist, sich angegriffen fühlt und überzeugt ist, nichts dagegen unternehmen zu können, kann das Idealisieren dieser Situation den Selbstwert wenigstens noch so weit stabilisieren, dass man überleben kann. Psychotherapeuten und Psychotherapeutinnen sind nun wieder mit Menschen konfrontiert, die sich auf einer Position des grandiosen Opfers stabilisiert haben. Sie sind dann nicht einfach ein Opfer der Umstände, sondern ein Opfer von *grandiosen* Umständen. Es spielt also auch eine Größenfantasie in die Opfer-Aggressor-Dynamik mit herein, eine Größenidee, die wir brauchen, um ein fragiles Selbstwertgefühl zumindest vorübergehend zu stabilisieren. Durch diese Idealisierung der Opferposition kann das vorübergehend gelingen. Geschieht dies mit Erfolg, so kommt es für das Opfer zu einer ganz unheilvollen Dynamik: Denn sind wir großartige Opfer, nicht einfach Opfer, dann bleiben wir in dieser Opferposition beharrlich und unbeweglich sitzen. Es gibt dann keinen Grund mehr, warum wir uns bemühen sollten, uns aus der Opferposition herauszubewegen. Menschen, die ihre Opferposition idealisieren, äußern meistens recht viel Selbstmitleid, eine Art von verfehlter Empathie mit sich selbst. Dieses Selbstmitleid klingt oft wehleidig und artet häufig in ein notorisches Klagen aus. Es ist ein Klagen nur um des Klagens willen. Diese Haltung ist allerdings in unserer Gesellschaft im Moment durchaus modisch. In der Schweiz etwa ist das Nörgeln ein Volkssport. Man muss an allem ein bisschen herumnörgeln und kann nichts stehen lassen. Man kann nicht anerkennen, dass etwas auch einfach gut ist, interessant und spannend. Es ist aber auch nicht genügend Aggression da, um sich kundig und unzufrieden um Veränderung zu bemühen.

Dieses Selbstmitleid ist eine Form der verfehlten Empathie. Befindet man sich in der Opferposition – auch wenn sie im Moment grandios überhöht werden kann –, so ist man in einer sehr üblen Position. In dieser Position idealisiert man sich nur selber; kommt von außen Kritik, braucht man sehr viel Kraft, um diese Idealisierung aufrechtzuerhalten. Statt sich zu bemitleiden, wäre es wichtig, in einer so schwierigen, beschämenden Situation mit sich selbst wirklich empathisch zu sein. Mitgefühl mit sich selbst zu entwickeln, sich die ganze Misere dieser Situation ohne Selbstvorwürfe einzugestehen. Dann würden vielleicht Ideen auftauchen, wie man sich aus dieser Opferposition herausbewegen kann. Genau dies verhindert das Selbstmitleid: statt aus der Empathie heraus Veränderungsimpulse wahrzunehmen, wird die Situation stabilisiert. Auch wenn mit dem Selbstmitleid eine richtige Richtung angesprochen wird, man müsste sich mit sich selbst gefühlsmäßig befassen, das heißt, man müsste empathisch werden mit sich selbst, so verhindert gerade das Selbstmitleid eine Veränderung. Empathie und Selbstmitleid sind nicht dasselbe. In der Empathie haben wir ein echtes Mitgefühl mit uns selbst, das viele mögliche Schattierungen haben kann und das dazu führt, dass wir unsere tiefsten Bedürfnisse und Schwierigkeiten wahrnehmen und uns diesen entsprechend zu verändern tendieren. Im Selbstmitleid bedauern wir uns und erwarten, dass uns irgendjemand endlich hilft, uns sieht, von außen etwas verändert.

Das Interesse an sich selbst –
Zuwendung zu sich und der Welt

Das Interesse an unserer eigenen Person ist wahrscheinlich das stabilste Interesse, das wir überhaupt haben, es ist ja auch unsere Verantwortung, unser Leben zu leben, eine eigenständige Persönlichkeit zu werden und auch uns unser Leben zu erhalten. Insofern hat das Interesse auch mit der Befriedigung unserer narzisstischen Bedürfnisse zu tun. Auch wenn wir Interessen haben, die sich mehrheitlich auf die Welt beziehen, ist immer auch ein Stück von uns selbst mitenthalten, ist eine Selbstdefinition damit verbunden, wie schon erwähnt.

Es gibt aber das ganz direkte Interesse an uns selbst: Das Interesse geht zunächst nicht auf etwas Äußeres in der Welt hin, es geht nach innen, es zielt auf uns selbst und bezieht Dinge der Außenwelt nur so weit ein, wie sie etwas über uns selbst aussagen. Es ist eigentlich das psychologische Interesse: Wer bin ich, woher komme ich, was kann aus mir werden?

Können wir uns nicht für uns selbst interessieren, können wir nicht in den Wirkkreis des Interesses eintreten, dann müssen wir uns interessant machen.

Das sind Menschen, die sich so verhalten, dass sie ständig Beachtung und Aufmerksamkeit verlangen, die sich „aufblasen", sich und ihre beabsichtigten Leistungen sichtbar überbewerten und ins beste Licht rücken müssen. Sie müssen sich um jeden Preis interessant machen, und der Preis ist hier eine Selbstbespiegelung, die kaum Interesse bei anderen Menschen weckt, oder nur sehr kurz.

Bei Neugier und Interesse geht es ja gerade nicht um Selbstbespiegelung, es geht um eine Zuwendung zur Welt oder zur Innenwelt mit dem Wunsch, etwas zu durchdringen, zu verstehen oder zu gestalten. Menschen, die sich für sich selbst wirklich interessieren, die neugierig sind auf sich selbst, stehen damit in einem Entwicklungsprozess, und – da aus dem Interesse Handlungsimpulse kommen – aus dem Interesse ergeben sich Kompetenz und Kreativität. Allport und Izard, die Väter der Emotionsforschung, vertreten die Auffassung, dass bei Tätigkeiten, die zu persönlichem Wachstum und Kreativität führen, Interesse in einem hohen Maße beteiligt ist.[1]

Wir können ohne Interesse und ohne Interessiertsein nicht oder nur schlecht leben, und deshalb regulieren wir die Zufuhr von Interesse, und wir regulieren auch die Produktion von Interesse, meistens unbewusst, und wenn dies nicht mehr funktioniert auch bewusst. Wir treffen uns mit Menschen, die uns potenziell Interesse entgegenbringen und die wir interessant finden, und nicht nur mit solchen, die uns langweilen. Interessieren sich Menschen erkennbar für uns, dann werden sie in der Regel Freunde oder nähere Bekannte. Wir treffen uns außerhalb des Freundeskreises auch mit Menschen, die gleiche oder ähnliche Interessen pflegen, beim Club der Eisenbahner oder im Literaturclub oder in einer Forschungsgruppe. In diesen Gruppierungen, so weiß man, ist das Zuwendungsinteresse groß, wenn uns nicht die Rivalität einen Strich durch die Rechnung macht. Normalerweise kann man sich dort wunderbar gegenseitig anregen, und zwar nicht nur über das, was substanziell erforscht oder geschrieben wird, sondern an der Emotion Interesse, die hier so spürbar ist und von der man sich anstecken lassen kann. Es ist eine Atmosphäre, in der das Interesse fast greifbar wird. Nach dem Zusammensein mit interessierten Menschen ist man selbst auch ein noch interessierterer Mensch, als man es zuvor war. Und das ist ein sehr gutes, lebendiges Lebensgefühl.

Wir können uns von jeder Emotion anstecken lassen. Ist man leicht gelangweilt, dann überlegt man sich, wo denn jetzt etwas Interessantes stattfinden könnte. Was uns interessiert, darf dann nicht einfach ein Zeitvertreib sein, so dass wir nach Beendigung dieser Aktion wieder genauso unlebendig sind. Das Interessante, das wir suchen, soll uns nachhaltig beleben, unsere eigenen

Interessen wieder lebendig werden lassen. Es soll uns das Lebensgefühl geben, dass wir uns wieder interessierter, angeregter fühlen, wieder mehr in der Lage, das Gute, was das Leben zu bieten hat, auch zu sehen. Gelingt das nicht, dann sind wir unzufrieden. Gehen wir in einen Film, von dem wir erwarten, dass er uns anregt, und er vermag das nicht – und das ist nicht immer die Schuld des Films –, dann sind wir erst recht missmutig.

Wir Menschen wissen, bewusst oder manchmal auch unbewusst, um das Lebenselixier Interesse. Und wir suchen dieses Lebenselixier. Wir wissen recht gut, wo wir in solche Wirkkreise des Interesses hineinkommen können, wo es Interesse gibt, wo unser Interesse anzuregen ist. Gelingt uns das nicht, können wir auch eine Sucht entwickeln; die Suche kann zu einer Sucht werden, weil wir diese Belebung, die aus einer Interaktion mit Menschen oder mit der Welt kommt, so sehr suchen, natürlich auch etwas, das frühkindlich und in der Kindheit so lebendig war.

Wir wissen für unser eigenes Leben recht gut, wo wir uns diese Injektionen von Interesse normalerweise holen können. Wir suchen Menschen für die wir uns interessieren und denen wir wiederum das Gefühl geben können, interessant zu sein. Wir suchen aber auch Menschen, die sich für uns interessieren und uns auch das Gefühl geben, interessant zu sein. Und dieses Interesse, das wir einander zeigen, ist meistens eher eine Form der Aufmerksamkeit als etwas, das wir einander mitteilen. Interessiere ich mich für das, was ein Mensch geschaffen hat, dann werde ich dem sehr viel Aufmerksamkeit schenken. Ich werde kaum ständig meiner Begeisterung Ausdruck geben, aber natürlich werde ich sie zum Ausdruck bringen. Das Maß, in dem sich ein anderer Mensch für uns interessiert, spürt man aber doch eher an der Aufmerksamkeit, die dieser Mensch dem widmet, was wir zu geben haben.

Es gibt Menschen, die ständig bewundern, alles wahnsinnig interessant, toll, „megageil" finden. Und doch ist kein wirkliches Interesse spürbar. Der Wirkkreis des Interesses kommt nicht in Schwung, man bringt einander nicht in Schwung. Gelingt es, in diesen Interessenzirkel einzutreten, durch den das Interesse des einen das Interesse des anderen weckt, eine Interessenkumulation stattfindet, dann gibt das ein sehr gutes Gefühl der Lebendigkeit und damit verbunden ein sehr gutes Selbstwertgefühl. Darüber hinaus kann sich ein Gefühl von Angezogensein entwickeln. Man hat teil, nicht einfach an einem anderen Menschen, sondern man hat auch teil an den interessanten Dingen im Leben. Man hat nicht nur teil am Destruktiven im Leben, sondern man hat teil an interessanten Dingen, an den kreativen Dingen im Leben. Und dadurch hat man natürlich ein ganz sicheres Identitätsgefühl. Dieses sichere Identitätsgefühl wiederum bewirkt, dass wir uns noch mehr öffnen können; infolgedessen wird alles noch interessanter. Zu Ende geht diese Form des Angeregtseins, weil man keine Energie mehr dafür hat, schlafen oder sich anderen Dingen zuwenden muss. Aber als Grundstimmung begleitet uns dieses Gefühl noch längere Zeit. Dieses Angeregtsein, dieses Lebendigsein, dieses Interessiertsein ist vielleicht die beste Form, etwas miteinander gestalten zu können, ohne dass der eine oder die andere an Lebendigkeit verliert.

Lebensleidenschaft – das Leben gestalten

Haben Sie Angst vor Leidenschaft, vor Leidenschaftlichkeit? Welche Gefühle beschleichen Sie, wenn Sie das Wort Leidenschaft hören? Welche Bilder tauchen auf? Wo wagen Sie leidenschaftlich zu sein? Wann wird es Ihnen peinlich, wenn jemand leidenschaftlich ist?

Was macht uns Angst an Leidenschaft?
Die Heftigkeit wohl, die in ihr ist, das Gefühl, dass wir die Leidenschaft nicht kontrollieren können, ihre Gefühlsintensität, die uns ergreift und uns über uns hinaus trägt, uns zu einem Verhalten bringt, das nicht rechnet, nicht spart, sondern alle unsere Energien auf etwas hin zentriert, dem eben unsere Leidenschaft gilt, ohne Rücksicht auf Verluste. Der Leidenschaft eignet etwas Maßloses – und eben deshalb wird ohne Leidenschaft auch nie etwas Großes getan. Und deshalb kann die Leidenschaft uns auch über uns hinaus bringen. Aber alle jene Strebungen in uns, die auf Sicherheit bedacht sind, auf Überschaubares, alles in uns, was schon das Übermorgen gern geplant, gesichert und fertig hätte, zittert vor der Leidenschaft – Leidenschaft bringt alles durcheinander. Leidenschaft ist heftig, zäh und intensiv, sie lässt sich durch Widerstände irritieren, aber eigentlich ist sie dazu da, Widerstände zu überwinden, wenn sie das nicht kann, dann ist es eine zu wenig leidenschaftliche Leidenschaftlichkeit.

Leidenschaft hat einen Aspekt der Kraft, der Intensität, der Gewalt, in ihr zentrieren sich die Kräfte: Wenn wir leidenschaftlich sind, sind wir auf ein Ziel bezogen, dem sich alle anderen Ziele unterordnen. Sie setzt voraus, dass mich etwas ergreift, packt, erfasst, das ich leidenschaftlich begehren kann, worauf ich mich voll einlassen kann, und das entweder zur Ausweitung der Persönlichkeit führt oder zu deren Untergang. In der Leidenschaft bin ich ganz bei mir und gleichzeitig auch über mich hinaus.

Oder wie Kierkegaard es ausdrückt: „In der Leidenschaft ist das existierende Subjekt unendlich gemacht in der Ewigkeit der Fantasie und doch am allerbestimmtesten es selbst."[1]

Leidenschaftlich sein heißt, unter der Herrschaft der Affekte zu stehen – und das werten wir oft als unreif –; die Griechen hätten dazu wohl gesagt: von einem Gott ergriffen sein.

Im Phaidros von Platon steht dazu eine erhellende Stelle: Da wird darüber gesprochen, dass es zwei Arten von Wahnsinn gebe, eine Art Wahnsinn als menschliche Krankheit, die andere Art „aus göttlicher Umwechslung des gewöhnlichen ordentlichen Zustands". Den göttlichen Wahnsinn unterscheiden sie, je nachdem, von welchem Gott er verursacht ist. So kann man etwa von Apollo ergriffen sein, von einer Leidenschaft zur Weisheit, von Dionysos, von einer Leidenschaft zum immer wieder aufbrechenden Leben der Natur und von einer Leidenschaft zum Körperlichen, von den Musen, als der Leidenschaft zum Dichterischen, Künstlerischen, und von der Aphrodite und von Eros, der glühenden Liebesleidenschaft.[2]

Leidenschaft gehört in den Symbolkreis des Feuers:
Zunächst „fangen" wir einmal „Feuer", sind „Feuer und Flamme" und werden dann von diesem Feuer verzehrt. Leidenschaften ergreifen uns, begeistern uns, verzehren uns. Feuer kann wandeln – denken Sie an die große Bedeutung, die das Feuer für das menschliche Leben hat –, Feuer kann aber auch zerstören. Es gibt auch keine Wandlung ohne Zerstörung, die Frage ist die: wie viel Wandlung, wie viel Zerstörung? Aber nicht der Endzustand des Feuers macht sein Wesen aus, sondern das Brennen: ein Feuer muss brennen, um ein Feuer zu sein. Und ein Feuer brennt sehr konzentriert: Es kann sich zwar ausbreiten, wenn es einmal brennt, aber ein Feuer, das nur da und dort aufflackert, ist kein rechtes Feuer und wird kein rechtes Feuer. Feuer ist ge-

sammelt; zu vergleichen mit der Konzentration, die eine Leidenschaft auf ihr Ziel hin von dem Menschen, den sie ergriffen hat, erzwingt. Und die Energie, die in diesem Verbrennungsprozess liegt, ist wohl vergleichbar mit der Energie, die in den Leidenschaften liegt und die für den Träger der Leidenschaft gesteigertes intensives Selbsterleben bedeutet oder ungeheure Qual – je nachdem, wie er sich zu seiner Leidenschaft stellt. Aber auch Qual ist intensiveres Selbsterleben.

Kleine Feuer sind gut unter Kontrolle zu halten, aber das heißt natürlich auch, dass sie nicht viel ausrichten können, also auch nicht viel bewirken. Große Feuer können eine solche Gewalt entwickeln, dass wir fliehen müssen. Und das ist ja der Grund, weshalb wir Feuer auch fürchten, so wie wir auch die Leidenschaften fürchten. Groß genug müsste ein Feuer sein, dass es bewirken kann, was es soll – nicht so groß, dass es nur zerstört.

Wenn man selber ein Feuer macht, muss man ungeheuer achtsam sein, dass es weder erlischt, noch zu groß wird. Und bei aller Achtsamkeit kann Unvorhergesehenes eintreten, etwa ein plötzlich auftretender Wind. Wie denn ja Feuer nicht einfach isoliert ist – nichts ist isoliert auf der Welt, alles ist mit allem verflochten –, so ist euer Feuer unabdingbar verbunden mit dem Wind, oder wenn Sie so wollen, mit dem Geist.

Im Feuer des Pfingstwunders zeigt sich der enge Zusammenhang zwischen Wind und Feuer – zwischen „Geist" und Emotion. Ausdruck vielleicht für eine leidenschaftliche Begeisterung, die die Menschen ergriffen hat?, und – das Ziel der Leidenschaft beim Pfingstwunder ein gutes ist, eine Leidenschaft, die also in sich gut ist?

Im Umgang mit der Leidenschaft wird immer wieder betont, dass sie danach zu beurteilen ist, was ihr Ziel ist. Und es gibt dann jeweils „höhere" und „niederere" Ziele. Richtig daran scheint mir, dass Leidenschaft an sich weder gut noch böse ist, sondern eine menschliche Gestimmtheit, eine menschliche Möglichkeit, die die Beziehung zu anderen Menschen und zur Welt wesentlich intensivieren kann. Leidenschaft ist grundsätzlich emotionelle Intensität, die auf Veränderung drängt.

Was hat es nun aber mit den „höheren" und „niederen" Zielen auf sich? Praktisch gefragt: Ist eine sexuelle Leidenschaft negativer zu beurteilen als z. B. eine leidenschaftliche Liebe eines Mystikers zur Sophia, zu göttlicher Weisheit? Jede dieser Leidenschaften kann den, den sie ergriffen hat, beglücken, ausfüllen, beschwingen, zu großen schöpferischen Taten hinreißen – oder aber überfordern, zerbrechen. Das leuchtet vielleicht bei der sexuellen Leidenschaft zunächst eher ein, das kennen wir aus Romanen usw. Von den Mystikern kennen wir im Allgemeinen nur die, denen es gelungen ist, ihrer Leidenschaft eine Form zu geben, von denen, die daran zerbrochen sind, wissen wir nicht. Heute finden Sie sie vielleicht manchmal in der Psychiatrie.

Ich bin mir auch nicht so sicher, ob wir wählen können, ob unsere Leidenschaften uns von oben oder von unten ergreifen, und ob letztlich nicht oben und unten dasselbe ist?

Und wer weiß denn so ganz sicher, welches höhere Ziele sind? Höher in Bezug worauf?

Ich meine, dass versteckt in dieser Unterscheidung zwischen höheren und niedereren Zielen die Ablehnung der Leidenschaftlichkeit und der Leiblichkeit zu sehen ist. Von der Antike bis zur Gegenwart geht doch immer wieder der Aufruf an den Menschen, der immer mit seinen Emotionen und Gefühlen ringt – und das ist unser Lebendigstes –, sachlicher zu werden, die Welt und Situationen als Sache an sich anzusehen, objektiv zu werden.

Dass man damit aber die Betroffenheit des Menschen, die nur aus einem emotionellen Beteiligtsein eben an dieser Welt resultieren kann, vermindert, den Bezug zur Welt und zum Mitmenschen „neutralisiert",[3] fällt uns erst dann auf, wenn etwa Untersuchungen publiziert werden, die aufzeigen, dass gewisse Soldaten in Vietnam keinen Unterschied kannten zwischen dem Töten eines Rehs und dem Töten eines Menschen.[4]

Die Aufforderung zur Kontrolle über die Emotionen, die dann den reifen Menschen auszeichnen sollte, kann auch zu weit gehen, nämlich so weit, dass unser ganzer Bezug zu den Mitmenschen und zur Welt ein unemotionaler, ein unbeteiligter, ein unbetroffener ist. Beziehungsfähigkeit, Zärtlichkeit, Liebe werden eingeschränkt und abgedrängt in speziell dafür vorgesehene Räume. Das kann wohl kaum unser Ziel des Menschseins sein. Ganz abgesehen davon ist damit das Problem der Emotion und der Leidenschaftlichkeit auch wieder nicht gelöst. Emotionen lassen sich nicht einfach verdrängen. In der Studie von Mantell werden Aussagen von Soldaten dokumentiert, die eindeutig zeigen, dass sie leidenschaftlich getötet haben. Und das ist das, was ich fürchte: Wenn wir unsere Leidenschaften – ob mit höheren oder niedereren Zielen, die uns Lebensfreude, Freude, Sinneserlebnisse, Gotteserlebnisse bringen, die uns schöpferisch unser Leben vollziehen lassen – nicht risikoreich leben, und das Leben uns dann entsprechend langweilig wird, wie viel Leidenschaft zum Zerstören haben wir dann angesammelt? Krieg war ja nie nur eine scheußliche Sache, Kämpfen hatte immer auch einen Rauschaspekt, einen Aspekt der Leidenschaft.

Und nun habe ich auch eine Wertung der Ziele der Leidenschaft eingeführt: Ich möchte unterscheiden, ob eine Leidenschaft mehrheitlich auf Schöpferisch-Sein oder auf Zerstörerisch-Sein ausgerichtet ist. Mehrheitlich: Es ist nie etwas nur schöpferisch oder nur zerstörerisch.

Für Jung ist der schöpferische Impuls im Menschen der wichtigste Instinkt und seine größte Kraft (Zarathustra 7/45). Und der Mensch wird dann destruktiv, wenn er diese schöpferischen Impulse, die man in allen Lebenssituationen haben kann, nicht zulässt. Diese schöpferische Kraft steckt bei Jung hinter dem Drang zur Selbstverwirklichung – der leidenschaftlichen Selbstverwirklichung. Dabei meint Selbstverwirklichung zweierlei: einmal das Erreichen einer immer größer werdenden Autonomie, also immer größerer Selbstständigkeit und Selbstverantwortlichkeit, andererseits eine Entwicklung im Sinne des „Werde, der du bist", im Bewusstsein dessen, dass jeder Mensch ein „Lebensträger" ist, dass es deshalb wichtig ist, dass er lebt, und dass er *seine* ihm eigensten Lebensmöglichkeiten entfaltet, dass er das lebt, was in ihm angelegt ist.

Diese Selbstverwirklichung schließt den Mitmenschen nicht aus, sondern ein. Dazu Jung: „… denn die Beziehung zum Selbst ist zugleich die Beziehung zum Mitmenschen, und keiner hat einen Zusammenhang mit diesem, er habe ihn denn zuvor mit sich selbst."[5]

Wenn dieser Drang zur Selbstverwirklichung gehemmt wird, der Veränderung bei sich, aber auch in den Beziehungen zu den Mitmenschen bewirkt, z. B. in dem Sinne, dass es uns besser gelingt, zu uns zu stehen, wie wir sind, mit allen Schatten- und Sonnenseiten, Kontraste in unserer Persönlichkeit auszuhalten, wenn er gehemmt wird, indem z. B. rigorose Anpassung an ein System gefordert wird, das dem Individuum nicht entspricht, dann wird dieser kreative Drang destruktiv.

In der Studie von Mantell über die „Green Berets", einer Spezialtruppe im Vietnamkrieg, wurde das Familienklima, in dem diese Soldaten aufgewachsen sind, untersucht und so beschrieben:

„Nach außen hin gefestigt, selbstgenügsam und intakt. Nach innen: stark konformistisch, hart, autoritär, intolerant, gewalttätig, feindselig, gereizt. Den Kindern werden strenge Regeln auferlegt. Die Eltern sind zueinander und zu den Kindern kalt, streng und unduldsam … Das Familienleben wurde durch ein 'überwältigendes System konformistischer Anforderungen beherrscht'… Feinfühligkeit und Zärtlichkeit wurden insbesondere für Männer als Zeichen der Schwäche angesehen und daher unterbunden …"[6]

Hier wird ein Familienklima beschrieben, das die emotionellen Bedürfnisse der Kinder außer Acht lässt und das dazu führt, dass gerade die Emotionen, die uns zu den Menschen hinführen, unentwickelt bleiben: Liebe, Zärtlichkeit, freundliche Verbundenheit, Vertrauen; stattdessen werden die Emotionen, die von den anderen Menschen abschließen, etwa Hass und Furcht stimuliert. Und weil man sich den Menschen nicht freundlich verbunden fühlt, hat man das Bedürfnis, die Menschen zu bezwingen. Das ist wohl auch als eine Identifikation mit den autoritären Eltern zu sehen, jetzt will man selber an der Stelle stehen, wo man über andere bestimmt, sogar über ihr Leben und ihren Tod. Aber nicht nur ein Familienklima kann so sein: Wir können ein solches Familienklima ab und zu auch in uns selbst spüren; wir werden immer wieder ringen müssen mit uns, in uns, wenn wir unsere Gefühle hart, autoritär, intolerant beurteilen und abwürgen, weil unsere Emotionen eben vielleicht zu niedere Ziele anpeilen, wenn wir gewalttätig die Freude dämpfen, weil sie für unsere gesellschaftlichen Gepflogenheiten zu laut ist ... usw.

Viele unserer Leidenschaften werden als „primitiv" gewertet, als unfein. Ist es wirklich ein Zeichen von höherer Entwicklung, von Reife, wenn wir mit traurigen oder unbeweglichen Gesichtern, denen nur noch ein müdes Lächeln zu entlocken ist, dahinleben? Wird da nicht auch wieder das Natürliche, das, was Vitalität bringt, bekämpft?

Das Zulassen von Emotionen schafft natürlich viele Probleme: Eine Familie, in der die Kinder ihre Emotionen, ihre Bedürfnisse einbringen, muss mehr Konflikte lösen, als eine Familie, in der alles so sauber und klar geregelt ist; dafür lernen die Kinder, wie man Konflikte löst, wenn es gut geht. Das Familiensystem, das harte Strukturen kennt, bietet natürlich auch die Sicherheit – Vorschriften sind ja auch sehr bequem, man muss dann nicht herausfinden, was man tun möchte, und was man verantworten kann, man braucht bloß zu gehorchen. Aber in diesen autoritären Familien schwelen die Konflikte, werden nicht ausgetragen, man regiert: wenn einer nicht gehorcht, werden Sanktionen verhängt. In einer Familie, wo Emotionen zugelassen werden, kann man nicht regieren, da muss man miteinander versuchen, die anstehenden Probleme zu lösen.

Traurige, frustrierte, sachliche Menschen sind bestimmt besser regierbar als freudige, lebendige.

Was in diesen von Mantell beschriebenen Familien geschieht, ist vielleicht extrem, aber ein Spiegel der Probleme, die wir als Gesellschaft haben, und die m. E. damit zusammenhängen, dass wir im Dienste der Werte der Selbstbeherrschung der Kontrollierbarkeit, der Zuverlässigkeit, der Voraussagbarkeit und nicht zuletzt der hohen ethischen Bewertung einer reibungslosen

Pflichterfüllung und einer Abwertung des Körpers und des Körperlichen, der ganzen weiten Fülle des „Sinnlichen", die Emotionalität in weitem Maße unterdrückt haben.

Diese Werte sind kollektiv noch weitgehend gültige Werte, wenn ich auch meine, feststellen zu können, dass dagegen eine recht intensive Gegenbewegung eingesetzt hat mit der neuen Beziehung zur Natur, zum Körper, einer neuen Spiritualität, einer Wertschätzung der Kreativität, einer Wertschätzung auch der Echtheit, der Spontaneität – und man weniger den guten Formen und dem folgt, wie „man" es zu machen hat.[7]

Natürlich ist diese Gegenbewegung noch ein sehr zartes Pflänzchen, und ich glaube nicht, dass wir, auch wenn wir uns zur Gegenbewegung oder zu irgendeiner dieser Gegenbewegungen rechnen können, nur „alternativ" sind.

Alte Werte und neue Werte streiten miteinander, und es braucht recht viel Achtsamkeit im Alltag, um zu sehen, unter welcher Herrschaft man nun gerade steht.

Anders ausgedrückt: Mir scheint, wir haben gegenwärtig eine Kriegs- *und* eine Friedensmentalität.

Der Kriegsmentalität möchte ich die Friedensmentalität gegenüberstellen:

An die Stelle der Macht träte das Erleben des schöpferischen Verändern-Könnens, die Freude des Bewirkens. An die Stelle der Herrschaft die Solidarität, die Idee, miteinander etwas zu entwickeln und die Bereitschaft, den anderen Menschen wahrzunehmen, in seinen Bedürfnissen, mit seinen Emotionen, Eros, Freude, Trauer, Wut, Aggression und Depression. An die Stelle der Kontrolle über den anderen müsste Achtsamkeit auf die eigenen Bedürfnisse und auf die Bedürfnisse der anderen kommen. Statt Abspaltung also Integration, Beziehung, Liebe.

Friedensmentalität brächte kein Paradies, sondern sehr viele Konflikte, aber auch die Entschlossenheit, die Konflikte auszuhalten und Wege zu finden, diese Konflikte zu lösen oder sie gemeinsam zu überwachsen. (C. G. Jung: „Ich hatte nämlich inzwischen einsehen gelernt, dass die größten und wichtigsten Lebensprobleme im Grunde genommen alle unlösbar sind; sie müssen es auch sein, denn sie drücken die notwendige Polarität, welche jedem selbstregulierenden System immanent ist, aus. Sie können nie gelöst, sondern nur überwachsen werden."[8]

Friedensmentalität ist mehr dem Drang zum Gestalten, dem Drang des Lebens, sich auszuleben (élan vital, Bergson), verpflichtet und müsste sich daher immer um Stabilität sorgen. Selbstverständlich wäre auch die Haltung der Friedensmentalität ein Umgehen mit unserer Unsicherheit und ein Bestimmen darüber, welche Werte wir unserem Leben geben wollen, wenn es denn schon so bedroht und so kurz ist. Auch das ist eine Antwort auf das Sterbenmüssen. An die Stelle des Habens träte ein Gefühl des Ausgefülltseins, das aus der Möglichkeit des Gestaltens resultiert, der „Fortschritt" würde sich im Arbeiten an unserer Menschlichkeit und Beziehungsfähigkeit zeigen. Man bekäme damit das Leben sicher nicht in den Griff – was man ja mit der Kriegsmentalität auch nicht bekommt –, aber man könnte lebendig sein, das Leben lieben und genießen – auch wenn es vom Tod bedroht ist. Wir müssten unser Omnipotenzgebaren opfern, den Rhythmus von Gelingen und Misslingen, von Gewinnen und Verlieren, von Sicherheit und Unsicherheit akzeptieren, als einem Leben angemessen, das den Tod immer wieder kennt, wir wären verletzlich und verwundbar – müssten trauern und könnten uns freuen.

Die Kriegsmentalität kennt Sieger und Opfer, die Friedensmentalität würde Betroffene kennen.

Leidenschaft ist bei beiden Mentalitäten vorhanden: sie ist verdeckter bei der Kriegsmentalität und steht in einem anderen Dienst.

Aber die Leidenschaft, die darin steckt, wenn wir so herrlich destruktiv sind, ich denke nicht an Mord oder dergleichen, sondern an unsere Alltagsdestruktionen – und die Emotionen, die man hierbei oder bei einer kreativen Arbeit erleben kann, sind von der Intensität her nicht verschieden: Sie lassen nur einen andern Nachgeschmack zurück. Bei der Destruktion ist man nachher

119

selbst zerstört, bei einer Kreation ist man belebt. Machtgier, Gier den anderen zu beherrschen, ist auch eine Leidenschaft, eine Leidenschaft, die wohl auch Leidenschaft zum Leben verbirgt, die aber Leben als kämpfen und gewinnen versteht. Hinter der Friedensmentalität stünde die Lebensleidenschaft unverstellter, eine Leidenschaft zum Leben und zum Lebendigen. Und mir scheint, sie wäre wirklich ein Weg aus der „Opferhaltung" heraus.

Aber so weit sind wir noch lange nicht: Bestenfalls kennen wir beide dieser Mentalitäten in uns, und zu oft merken wir nicht, wie wir Friedensmentalität mit den Methoden, die wir unserer Kriegsmentalität verdanken, unter die Leute verbreiten wollen – so z. B. „Krieg" für eine gerechte Sache.

Kurz zusammengefasst ist die Frage die: Können wir Machtstrukturen in Beziehungsstrukturen umwandeln: im Einzelnen, in den Zweierbeziehungen, in den Kleingruppen … weltweit? Und das meine ich, können wir nur, wenn wir Emotionen so weit als möglich zulassen, weil wir dann wieder in einem Verhältnis der Betroffenheit zum andern Menschen stehen.

Es irritiert mich zunehmend, wenn in Gesprächen über unsere heutige Lebenssituation nur noch das Bedrohliche genannt wird, wenn die Bedrohungen geradezu angehäuft werden, mit Zahlen untermauert, die angeblich stimmen sollen. Für den Fortgang des Lebens gibt es keine Zahlen, die stimmen.

Diese Gespräche werden aus Sorge um unser Leben geführt und um unsere Lebensqualität – nur scheint mir, sind sie dennoch in sich oft recht destruktiv –, sie erreichen das Gegenteil von dem, was sie erreichen sollten. Würde man noch daran zweifeln, dass viel Destruktives in der Welt ist, diese Gespräche, die doch eigentlich das Leben wollen und unverhofft in die Hoffnungslosigkeit abgleiten, könnten es uns zeigen. Diese Gespräche gipfeln dann oft darin, dass einer, der noch eine Chance sieht, etwa von der Kraft der Natur zum Überleben spricht, als Optimist oder als Ignorant abgetan und nicht ernst genommen wird. Ernst sind offenbar nur die Beiträge, die die totale Katastrophe vorwegnehmen und die uns damit zu totalen Opfern erklären. Diese Gespräche, diese Informationen sind notwendig, sie rütteln auf – in ihrem destruktiven Sog aber wirken sie nicht aufweckend, aktivieren sie nicht eigene Überlebenskräfte, sie polarisieren vielmehr: Auf der einen Seite stehen die potenziellen Opfer, die nichts tun können und ausgeliefert sind; ihnen gegenüber stehen die Aggressoren, die schwer zu beeinflussen sind. Von irgendwoher müsste Hilfe kommen. Auch unter denen, die sich um den Frieden sorgen, macht sich eine ähnliche Polarisierung bemerkbar.

Aus der psychotherapeutischen Situation ist uns diese archetypische Konstellation gut bekannt: Das Opfer, das einerseits den Aggressor abgespalten hat, ihn überall in der Außenwelt wähnt, sich von ihm bedroht, verfolgt sieht, andererseits dringend einen Helfer braucht, der dann leicht auch zum Opfer wird, oder der in die Rolle des Aggressors, des Angreifers oder des Schuldigen hineinrutscht.

Diese Konstellation ist uns aber auch aus der Weltsituation bekannt, kommt überall vor, wo Menschen miteinander umgehen aus einer Kriegsmentalität heraus.

Archetypische Konstellationen nenne ich diese Konstellation, weil es um eine Dynamik geht, die immer wieder beobachtet werden kann, die in sich aber das Menschheitsthema des Opfers beinhaltet.

Progressiv betrachtet hieße das: Einem übergeordneten Wert, einem Gott etwas opfern, dadurch den Gott versöhnen und die Beziehung zu ihm erneuern, damit aber auch selber neu werden, mit neuer Bedeutsamkeit im Leben stehen. Das wäre die progressive Position.

Bleiben wir zunächst bei der regressiven:

Dazu ein Beispiel: Hubert, ein junger Akademiker, erfolgreich im Geschäft seines Vaters tätig, fühlt sich überall zurückgewiesen: von Geschäftsfreunden, von Freundinnen, von Frauen überhaupt, aber auch vom Garagisten, von ehemaligen Studienfreunden. Er empfindet, dass ihn alle abweisend behandeln, dass keiner Wert auf seine Gesellschaft legt. Er fühlt sich ständig von Beeinträchtigungen bedroht: wähnt, er könnte sich verletzen, er könnte seine gute körperliche Verfassung verlieren, weil er altern wird, er könnte krank werden, Schmerzen haben, ein anderer könnte ihm den Rang ablaufen. Er würde einmal keine Altersrente mehr bekommen, weil immer mehr Leute alt werden, er würde aber auch keine reine Luft mehr haben, wenn er älter wird: „Ich bin ein Opfer, ein Opfer der Lebensumstände, meiner Eltern, der Gesellschaft." Und ich fügte hinzu: „Und ein Opfer des Lebens überhaupt, das den Tod kennt." Ich bat Hubert, sich ein Bild für diese Situation des Opfer-Seins vorzustellen, in dem er das, was er mir jetzt erzählt hatte, körperlich auf sich wirken lassen und versuchen sollte, dieses Gefühl sich in einem Bild darstellen zu lassen. Sein Bild: „Ich sehe mich, ganz eingeschnürt vom Kopf bis zum Fuß, eine Mumie eigentlich. Das gibt mir ein Gefühl der Bewegungslosigkeit, der ungeheuren Einschränkung meiner Bewegungsmöglichkeiten, aber es ist auch ganz schön, ich bin da geschützt."

Ich bat Hubert, ein Gegenbild zu diesem Bild zu erfinden: „Ich sehe mich, wie ich diese Schnüre zerreiße, ich explodiere in wilder Entschlossenheit, diese Schnüre müssen weg. Das macht mir Freude. Aber natürlich kommt wieder jemand und schnürt mich ein. Jemand? So ein geschniegelter Herr. Aber er schafft es nicht."

Auf die Frage, welches Bild ihm näher sei, sagte Hubert: „Schnüre zerreißen ist viel befriedigender, aber so eingeschnürt sein ist irgendwie so schön tragisch. Ich muss dann nichts tun."

Ein Zurückweisungskomplex, ein Beeinträchtigungskomplex, wie er oft vorkommt, von Hubert auch „komplexhaft" dargestellt, in dem Sinne, dass er diese Beeinträchtigung und diese Zurückweisung überall sieht, überall erlebt, geradezu in den wilden Sog aller Zurückweisungen gerät, die ihm geschehen, sie sammelt. Das ist das Komplexhafte daran: Es kann kein anderes Erklärungs- und Erlebnismodell beigezogen werden als eben: Ich werde zurückgewiesen, ich werde beeinträchtigt. Selbstverständlich wurden diese Erlebnismodelle in seiner Lebensgeschichte gebahnt. Sie sind aber auch Ausdruck dafür, dass er eine neue Lebenseinstellung haben sollte, gewisse Bequemlichkeiten opfern müsste, und noch nicht bereit ist, es zu tun. Er opfert sich lieber ganz, sich selber, als dass er ganz konkrete Verhaltensweisen und Haltungen opfern würde.

Ich bat Hubert, ein Gegenbild zum Opferbild zu kreieren, weil in jeder dieser komplexhaften Lebenssituation auch die Energie steckt, die zur Weiterentwicklung nötig ist. Immer ist auch ein Gegenbild vorhanden, das man aber nicht sehen will oder noch nicht sehen kann. Im Falle von Hubert ist klar ersichtlich, dass er genügend Energien hat, um auszubrechen, es ist aber auch so, dass der „geschniegelte Herr" ihn immer wieder einschnüren wird. Wer ihn also so sehr beeinträchtigt, ist der geschniegelte Herr, für ihn ein Ausdruck für einen Persönlichkeitsaspekt von ihm, der immer gut aussehen, nie jemandem missfallen wollte. Dieser Persona-Aspekt war Hubert im Laufe unserer therapeutischen Arbeit sehr einsichtig geworden. Selbstverständlich könnte man jetzt tiefer graben und sich überlegen, weshalb er denn so einen „geschniegelten Herrn" nötig hat. Ich will das hier nicht tun, weil es mir um die Opfer-Helfer-Aggressor-Thematik geht.

In Huberts Bild wird klar, dass er den Aggressor auf den geschniegelten Herrn projiziert, dass er ohne weiteres selbst aggressiv sein kann, es aber nicht unbedingt will. Die Situation des Eingeschnürtseins im Bild von Hubert wirkt auf mich destruktiv. Hier ist gesunde Aggression gebremst. Schon beim Zurückweisungs- und Beeinträchtigungskomplex wundert es, wie Hubert nur sich selber als den Zurückgewiesenen sieht, den Beeinträchtigten, und nicht auch, wie er zurückweist, wie er auch beeinträchtigt. Dieser aggressive eigene Aspekt ist nicht gesehen, ist bei den anderen, beim Leben, bei den Verhältnissen. Darauf angesprochen, wird Hubert klar, dass er gar nicht bloß Opfer ist, sondern dass er durchaus auch andere Menschen zurückweist, ja dass vielleicht dieses Erlebnismodell des immer und überall Zurückgewiesen-Werdens daraus resultiert, dass er zwar selbst zurückweist, aber nicht bewusst. Nur wirkt unbewusste Aggression natürlich auch. Und es ist durchaus so, dass, wenn wir den Menschen zurückweisend begegnen, sie diese Zurückweisung als Distanz erleben und sich auch distanziert verhalten.

Aggression wird von Hubert als etwas „Schattenhaftes" erlebt, als etwas, was nicht sein sollte, was sich nicht mit dem Bild, das er von sich hat, verträgt. Dabei verfällt er auch dem Irrtum, dass Aggression etwas „Böses" ist.

Aggression ist zunächst weder gut noch böse, Aggression ist der Drang, an Menschen, an Dinge heranzugehen, um sie in Bewegung zu bringen, natürlich auch im Sinne des Anpackens. Je gehemmter die natürliche Aggression ist, umso leichter wird sie destruktiv, umso mehr fürchten wir uns vor unserer eigenen Gewalttätigkeit. Aggression bedeutet natürlich auch, dass wir uns in Gegensatz zu jemanden stellen können und dafür kaum geliebt werden. Ein Grund für viele Menschen, ihre Aggressivität nicht zu sehen und nicht zu leben, dafür werden sie dann von ihr überfallen. Diese Aggression sehen, in allen Schattierungen, mit den Fantasien, die dazu gehören, sich zu entscheiden, was davon gelebt werden kann, was nicht, was einfach als psychische Spannung ausgehalten werden muss, das ist Arbeit am Schatten.

Und diese Arbeit am Schatten macht uns erst „konfliktfähig", weil wir dann am Konfliktpartner nicht nur die Gegenposition sehen, die wir ja nicht gelten lassen können, weil sonst unsere Verdrängung nicht aufrechterhalten werden könnte, sondern nun in ihm einen Menschen, der auch zwischen den Positionen steht und um sie ringt.

Es ist für Hubert einsichtig, dass er auch zurückweisen kann, dass das ein Aspekt dieser Komplexkonstellation ist, er will diese Perspektive aber nicht so gern sehen. Er genießt es, Opfer zu sein. Das ist so schön tragisch, da kann er auch Anspruch auf Hilfe von außen haben. Insgeheim geschieht wohl eine Verknüpfung von Aggressor und Helfer: Zwar ist klar, dass der Helfer nicht der Aggressor ist, aber er stammt aus der gleichen Umgebung, deren Opfer man ist, und der Helfer macht einen ja auch nur zu leicht noch mehr zum Opfer. Das ist wiederum eine archetypische Struktur: Helfer brauchen Opfer. Wenn wir sagen, wir seien Opfer der Bürokratie, z. B., dann sind wir diese Opfer, weil wir nach Hilfe gerufen haben und uns dann plötzlich zu viel Hilfe zuteil wird.

Hilfe schafft Opfer, Angebot schafft Nachfrage. Wenn die Nachfragenden aber zu Opfern werden, scheint es mir wichtig, unsere Angebote zu überprüfen.

Wesentlich ist zu begreifen, dass wir zum Umgang mit Opfern in dieselbe archetypische Dynamik geraten, in der die Opfer sich befinden, dass es eine Anstrengung kostet, aus dieser Dynamik sich herauszuhalten und eine andere Dynamik anzustreben, die Entwicklung möglich macht.

Wenn jemand sich so sehr als Opfer empfindet, dann ist das schon Ausdruck für eine Situation, die zu lange stagniert; die Aggression, die die Situation in Bewegung bringen würde, ist dann auch abgespalten; an deren Stelle soll der Helfer kommen, der, wenn er geschickt vorgeht, die abgespaltene Aggression hereinholt.

Was ist aber das Numinose an diesem Opfer-Sein? Steht dahinter nicht doch das Grundthema des ursprünglichen Opferns: Sich mit etwas, das über uns hinausgeht, ja mit einem Gott, in Verbindung zu setzen, ihm etwas geben, ihn dadurch zu versöhnen, so dass das Leben wieder neu weitergehen kann? Vielleicht auch: dem allzu profanen Leben einen Aspekt des Heiligen wieder einzufügen? Übertragen hieße das: etwas von meinem Leben wegzugeben, im Hinblick auf etwas, das den gegenwärtigen Moment übersteigt, auf meinen Entwicklungsweg hin, auf mein Leben als Ganzes, wissend, dass das Opfer auf etwas Größeres hin Wandlung bewirkt, zumindest Wandlung in meinem Erleben von mir selbst. Es gilt dabei zu bedenken, dass wir verschiedene Arten des Opfers kennen: ein aktives Opfern und ein passives, resigniertes Opfern.

Der Gedanke, sich zum Opfer bringen zu können, ist eine Vorstellung, die die Geschichte durchzieht, am deutlichsten ausgeprägt in der Gestalt von Christus: sich zum Opfer bringen, damit eine wesentliche Wandlung für die Menschheit geschieht, eine Verbesserung der Lebensqualität, das ist der Sinn dieser Opfervorstellung. Dieser Gedanke des Sich-zum-Opfer-Bringens ist dort zu sehen, wo jemand sich ganz in den Dienst einer

Sache stellt, in Erwartung eines Wunders. Dabei ist wohl wesentlich der Aspekt des sich ganz für eine Sache Einsetzens, der totalen Hingabe. Auch das ist ein Opfer, aber zugleich ein „aggressives" Opfer; jemand setzt, im Bewusstsein, keine andere Wahl zu haben, alle seine Kräfte ein. Noch klarer zum Ausdruck kommt die Aggression bei jenen Menschen, die sich opfern und dabei die Welt aufmerksam machen auf dieses Opfer: Sie können die Welt nicht verändern, als dadurch, dass sie sich opfern und dieses Opfer alle erschüttert. Ich denke dabei an den aus Protest fastenden Gandhi oder an die erschütternden Selbstverbrennungen, die ursprünglich von buddhistischen Mönchen aus Protest gegen den Vietnamkrieg begonnen haben. (Ich denke nicht an die, die dieses Opfer nachgeahmt haben.)

Bei diesem aktiven Opfer ist die Aggression nicht abgespalten, sondern sie ist Bestandteil des Opfers, drückt aber auch aus, dass anders die Veränderung nicht mehr möglich ist. So oder so berührt das Thema des Opfers eine Grenzsituation des menschlichen Lebens, vom Gedanken des Absoluten durchdrungen.

Könnte es sein, dass das passive Opfer, das resignierte Opfer, diese Veränderung, diese ganze Hingabe letztlich auch meint, sie aber aus irgendeinem Grund nicht erreicht? Auch diejenigen, die sich zum Opfer machen, wirken aggressiv in einer kraftlosen Verweigerung. Man denke nur etwa an den Extremfall, in dem ein solches Opfer z. B. einfach behauptet, nicht mehr zu verstehen, was gesprochen wird, in dem man also nicht mehr miteinander kommunizieren kann. Wo der aktiv Opfernde die Verantwortung für das, was jetzt geschieht, voll und ganz übernimmt, übernimmt das passive Opfer zwar die Verantwortung, aber sozusagen indirekt, metaphysisch, für alles, was schon immer geschehen ist, und es kann sich vor lauter Schuldgefühlen nicht mehr bewegen – und doch drückt es sich andererseits vor der Verantwortung. Seine Antwort müsste eine so grundsätzliche, so entscheidende sein, eine so große, dass sie gar nicht mehr zu geben ist. Passive Opfer geben sich lieber ganz verloren, weil sie mit dem alltäglichen Verlust nicht leben können. Sie geben sich selber zum Opfer, aber welchen Göttern, mit welchen Hoffnungen?

Der Wunsch nach Wandlung, die Sehnsucht nach Wandlung, die Sehnsucht nach Verbindung mit etwas ganz Großem erstirbt schließlich in kläglicher Hilflosigkeit, oder in der großartigen Ausschmückung der Opferposition, die masochistisch mitschwelgen lässt, das Opfer aber immer mehr zum Opfer werden lässt, ohne Aussicht auf Erlösung. Allenfalls besteht die Fantasie der ganz großen Aggression, wenn die Gunst der Stunde es zulassen sollte, der Rache. Und keine Aggression ist destruktiver als die Aggression derer, die zu lange Opfer waren.

Das Gegenbild zum Opfer ist der „Gestalter", in ihm sind Aspekte des Opfern-Müssens, des immer wieder Opfern-Müssens mit denen der Aggression vereint, im Sinne des Gestalten-Wollens, des Dranbleibens, dessen, der trotzig immer noch jene Möglichkeit bearbeitet, die sich ergibt. Auch der Gestalter ist bezogen auf ein übergeordnetes Ziel, vielleicht auf das Ziel, dieses Leben angesichts aller Bedrohungen und angesichts der ständigen Begrenzung durch den Tod dennoch zu einem vollen Leben zu machen, so viel von diesem Leben zu verstehen, als möglich ist, so viel an Gefühlen, Gedanken, Taten zu erleben, als einem zusteht.

Aber wie wird man aus einem Opfer zu einem Gestalter? Nun ist es ja keineswegs so, dass einzelne Menschen nur Opfer, andere nur Gestalter wären. Mir scheint, wir haben alle immer wieder die Tendenz, Opfer zu werden, und müssen alle immer wieder darum ringen, statt um Hilfe zu schreien, zum Gestalter zu werden, oder nur dort um Hilfe zu schreien, wo wir mit der Hilfe anderer zum Gestalter werden können, also nicht jene Hilfe zu suchen, die uns Opfer sein lässt. Wenn jemand sich gänzlich als Opfer versteht – was sich etwa darin ausdrückt, dass für ihn alle Wege „nicht gehen", Vorschläge, Rezepte zwar gesucht, ja gefordert werden, aber nur, um aufzuweisen, wie unsinnig sie sind –, dann wird die Destruktivität des Opfers sehr sichtbar. Eine Möglichkeit, damit umzugehen, ist diesem „Opfer" zu bestätigen, dass unter seinen Voraussetzungen wirklich „nichts geht" und dass man selber mithilft, Gründe zu finden, weshalb in dieser Lage keine Lösung zu erwarten ist, die etwas taugt. Wenn man Glück hat, wird das „Opfer" dann von seinen Überlebenskräften, von seinen Aggressionen überschwemmt werden, vielleicht wird es gerade dadurch wütend werden oder plötzlich etwas finden, was ganz bestimmt „geht". So verfährt die Methode der paradoxen Intervention gegenüber der konstitutionellen Resignation der „Opfer-Mentalität".

Das Wecken der Aggression, nicht der Destruktion, sondern des Überlebenswillens, scheint mir der springende Punkt zu sein. Dazu kann beitragen, wenn wir den abgespalteten Aggressor als Aspekt von uns selbst sehen: Ich bin nicht einfach „Opfer", ich mache mich auch zu einem Opfer.

Aggression kann übrigens gelernt werden. Die Senoi, ein Stamm in Malaysia, sind dadurch bekannt geworden, dass sie ihre Kinder dazu anhalten, sich von keiner Figur in ihren Träumen überwältigen zu lassen, sondern sich jeder Figur zu stellen und so lange zu verhandeln, bis diese Traumfigur ein Geschenk für den Träumer gibt. Diese Geschenke sind dann die Grundlagen für das kreative Gestalten dieses Stammes. Diese Art des Umgangs mit Träumen ist Erziehung zu einer gesunden Aggression. Wenn diese Art des „bewussteren" Träumens bei uns plötzlich Interesse hervorruft, heißt das wohl, dass, kollektiv gesehen, das Bedürfnis besteht, auch dort, wo wir uns ausgeliefert vorkommen, z. B. in unseren Träumen, zu gestalten, unsere aggressiven Kräfte einzusetzen.[9]

Aber jeder Gestaltungswille stößt an eine Grenze: Es bleiben immer Dinge, mit denen wir nicht umgehen können. Heidegger nannte es einmal das „Un-Umgängliche" und meinte damit einerseits das, was nicht zu umschreiten ist, was von uns nicht in seiner Ganzheit gesehen werden kann, andererseits aber auch das, was nicht zu vermeiden, aber auch nicht zu „bewältigen" ist, wie der Tod, Verlust etc. Ein blinder Gestaltungswille müsste wohl auch wieder in die Position des Opfers führen, würde das Grundthema des Opferns, nämlich, dass gewisse Dinge unentrinnbar hingegeben werden müssen, nicht mitbedacht werden. Opfern heißt nicht einfach verlieren, opfern heißt auch nicht, etwas weggenommen bekommen, opfern heißt vielmehr, freiwillig etwas weggeben im Dienste einer übergreifenden Idee oder eines übergreifenden Wertes. Und hier ist nochmals die Aufgabe des „Gestalters" zu sehen, im Wagnis einer übergeordneten Idee. Wie leicht bleiben wir in der Verweigerung stecken, indem wir sagen: „so nicht", „so nicht mehr" – und die Verweigerung kann durchaus eine Position des Opfers sein. Wie aber, im Dienste welcher Idee wollen wir leben? Beschneiden wir uns nicht auch, wenn wir uns große Ideen nicht mehr zugestehen? Lebensleidenschaft ist auch eine große Idee. In der Auseinandersetzung des Möglichen mit dem Unmöglichen muss die Gestaltung dann schließlich erfolgen. Es wäre kreativer, wieder große Ideen zuzulassen und sie gegen das Mögliche zu halten, als große, unwidersprochene Opfer zu sein.

Vielleicht wäre ein anderes archetypisches Gegenbild zum Opfern die „Schatzsuche" ein Thema, das uns auf ganz verschiedenen Ebenen ansprechen kann: Denken wir etwa an die Hoffnung, irgendeinen Schatz ausgraben zu können, sei es real oder in den Büchern etwa; denken wir daran, wie gern wir ein kostbares Geheimnis hüten, eben wie unseren Schatz, oder wie sehr in unseren Beziehungen auch dieses Motiv mitspielt, bis in die Sprache hinein; oder aber wie manche Menschen schon beim Ausverkauf hoffen, auf einen Schatz zu stoßen … In diesem Motiv der Schatzsuche steckt die Hoffnung, etwas ganz Außergewöhnliches zu finden, das dem Leben neuen Sinn und neue Richtung geben kann. Im Motiv der Suche ist das Motiv des Gestaltens mitenthalten, auch das Motiv des Dranbleibens, des Nicht-Lockerlassens, das ja ein aggressives Motiv ist – und das Motiv Hoffnung. Solange wir eine Zukunft haben, haben wir eine Hoffnung.

Vielleicht könnte gerade da der neue Wert entstehen, das neue Ziel: Wenn wir auch angesichts eines ungewissen Zieles den Willen zu Gestaltung nicht aufgeben, vielmehr erwartungsvoll sehen, was sich dabei ereignet, denn Gestalten ist letztlich ein schöpferischer Prozess, dessen Ergebnis ja nicht vorausgesehen werden kann. Schöpferisch leben heißt auch, Risiken auf sich nehmen, ins Offene hinein leben.

Hubert ließ ich in der Phase, als er sich so ganz und gar als Opfer vorkam, das Bild einer „Nilpferdjagd" (Ägypten, Altes Reich 2250 v. Chr.) meditieren, ein Bild, auf dem zwei Männer in ganz gespannter Haltung – auf einer Barke stehend und einen Speer in der Hand – sich auf das Wasser und die darin schwimmenden Tiere konzentrieren. Dieses Bild regt die Konzentration an, das Gefühl, etwas bewirken zu können; in ihm ist aber auch die Thematik der Schatzsuche angedeutet. Die Meditation dieses Bildes bewirkte bei Hubert, dass er sagte: „Ich habe das Gefühl, es kann irgendetwas getan werden, schließlich lebe ich." Das war ein wesentlicher Umschlagspunkt in seinem Erleben von sich selbst und seinem Verhalten. Die Meditation des Bildes verführte ihn dazu, lieber Gestalter sein zu wollen als Opfer.

Beim Überwinden der Opfer-Position, gerade in der Auseinandersetzung mit unseren großen gegenwärtigen Problemen, ist es bestimmt auch wichtig, darauf zu achten, welche Bilder uns kollektiv angeboten werden, was uns die Kunst, die Literatur zu sagen haben. Wird es uns gelingen, angesichts aller Bedrohtheit, die dem Gestalten letztlich auch den Reiz und Rang des Absoluten geben kann, Weite zu erfahren, Neues zu formen und zu formulieren – oder genügt es uns, angesichts der Bedrohung unserer Erde nur als Opfer zu reagieren?

Nochmals: Was hieße Lebensleidenschaft?

Gestalter zu werden im Sinne einer leidenschaftlichen Liebe zu diesem bedrohten Leben, zum bedrohten Lebendigen.

Aber wie?

Um Lebensleidenschaft zu entwickeln, muss man den Tod kennen, muss um ihn wissen als etwas Un-Umgängliches (nicht zu umgehen, nicht wirklich zu erfassen, nicht verstehbar in seinem vollen Geheimnis) – dagegen lebt Lebensleidenschaft an, dem Satz verpflichtet: „Liebe ist stark wie der Tod." Und man muss sich als „Lebensträger" bzw. als Lebensträgerin verstehen; das fordert uns eine Achtsamkeit dem Leben gegenüber ab.

Lebensleidenschaft gesehen als Antwort unserer Psyche auf die Bedrohung, in der menschliches Leben immer steht:

Leidenschaft zum Leben, Leidenschaft zum Lebendigen ist auch Leidenschaft zu dem, was offen ist, der Hoffnung und der Liebe verpflichtet.

Ganz praktisch:

Suchen Sie Ihre Leidenschaften, finden Sie heraus, wo Sie leidenschaftlich sind, oder es gerne sein möchten. Lassen Sie die Leidenschaften zu, die Sie haben – kümmern Sie sich nicht so sehr um höhere oder niederere Ziele.

Lassen Sie sich ergreifen von dem, das Sie ergreifen möchte, zunächst vielleicht einfach von der Sehnsucht nach intensiverem Leben, von der Sehnsucht nach einer breit ausgefächerten Emotionalität.

Lebensleidenschaft hat viel mit dem Sinnlichen und dem Sinnhaften zu tun, mit unserem Körper, der Natur, die wir immer auch sind und mit der wir auch ab und zu schlecht umgehen. Achten Sie auf Ihre Sinne, nehmen Sie sinnlich die Welt wahr. Zu den Sinnen gehört auch der Hautsinn und damit die ganze Sphäre der Zärtlichkeit, die so grundlegend wichtig ist für die Lebensleidenschaft.

Lebensleidenschaft hat aber auch zu tun mit dem Geistigen – mit dem Ergriffensein von etwas, das über uns hinausgeht.

Letztlich ist wohl Lebensleidenschaft eine leidenschaftliche Liebe zum Leben, wie es ist, und wie wir es jeweils spüren und erleben, und nicht wie wir meinen, dass es sein sollte.

Im Gestalten der Leidenschaft zum Leben gelingt es uns vielleicht, uns und unsere Welt etwas umzugestalten, aus dieser Leidenschaft zum Leben spüren wir viel besser, wo das Leben und das Lebendige bedroht ist, und wir wehren uns dann vielleicht auch leidenschaftlich: für das Leben – nicht nur für das Überleben.

Auf dem Weg zur Reife – Echtheit entwickeln und Sinn erfahren

Ich gehe davon aus, dass das Leben sinnvoll sein kann, wenn Menschen denn schon immer wieder nach dem Sinn fragen, und dass der tiefste Sinn des Lebens wohl der ist, es zu leben, dann findet das eigene Leben wie von selbst zu seiner ureigensten Gestalt. Natürlich spreche auch ich – wie viele andere Menschen – davon, dass diese oder jene Unternehmung oder Anstrengung wohl keinen Sinn macht, also kaum eine Wirkung in die von mir als richtig anerkannte Richtung bringen könnte. Ich wähle dann etwas, was mir sinnvoller erscheint. Einige Lebenserfahrungen erschienen und erscheinen mir ausgesprochen sinnlos. Das zu akzeptieren scheint mir ebenfalls wichtig zu sein, um den Sinn zu erkennen. Wir können den Dingen einen Sinn geben, wir können Sinn stiften, wir sind aber auch getragen von Sinnerfahrung. Diese kann sich ereignen, wenn wir dafür offen sind.

Sinn verweist darauf, dass bedeutungsvolle Zusammenhänge gesehen, geschaffen und erfahren werden können, und diese Zusammenhänge geben ein Ganzes, eine gute Gestalt. Die Emotionen, die damit verbunden sind, sind Interesse, Zufriedenheit, Freude, Hoffnung. Es sind gehobene Emotionen.

Mich fasziniert, dass Menschen, auch wenn sie mitten im Leben sind, eine Intuition, Vision oder Fantasie von ihrem Leben als Ganzes haben, auch wenn wir denken, wir könnten eigentlich nur auf das faktisch Gelebte zurückgreifen. So können auch Menschen die gar nicht so besonders reflexiv mit ihrem Leben umgehen, im Hinblick auf eine Entscheidung sagen, dass sie sich so nicht entscheiden dürfen, weil sonst ihr Leben als Ganzes aus dem Tritt käme, oder gar ihr Leben als Ganzes nicht mehr in

Ordnung kommen könnte. Oder andere sagen, sie könnten eine Entscheidung nicht fällen, weil das nicht zu ihnen passen würde. Sie könnten sich aber eine Entscheidung vorstellen, auch wenn sie eine wichtige Veränderung im Erleben von Identität bewirken würde. Es gibt aber eine Ahnung davon, was unser Leben als Ganzes sein kann, und wir haben auch den Wunsch, das dieses Leben letztlich ein „gutes Leben" sein soll. – Und wir haben eine Ahnung, was zu unserer eigenen Persönlichkeit als Ganzer gehört, auch wenn wir vieles davon nicht wissen können.

Treffen wir Entscheidungen, die in dieses weitgehend unbewusste Konzept von unserem letztlich „guten Leben" passen, die letztlich unsere Identität bestätigen, dann erscheint uns Leben wohl sinnvoll.

Individuationsprozess als Sinnerfahrung?

C. G. Jung war meines Wissens der erste Forscher, der einen Entwicklungsprozess auch noch in der zweiten Lebenshälfte als möglich und verwirklichbar annahm. Dieser Entwicklungsprozess wird definiert als Individuationsprozess, der besagt, dass wir im Laufe des Lebens immer mehr der oder die werden sollten, die wir eigentlich sind, immer echter, immer mehr wir selbst, immer stimmiger mit uns selbst. Als Symbol dafür wird immer wieder das Bild von einem Samen und dem daraus wachsenden Baum gebraucht. So muss aus einer Eichel eine Eiche werden: Eine Eichel kann sich nicht entscheiden, zu einer Buche zu werden. Je nachdem, wo die Eichel hingefallen ist, wird sie sich aber etwas anders entwickeln. Die Stürme werden sie mehr oder weniger zerzausen, eine für sie gute Umgebung wird es ihr ermöglichen, zu einem stabilen Eichenbaum zu werden. Der Individuationsprozess ist einerseits ein Integrationsprozess: Wir integrieren im Laufe eines Lebens die unterschiedlichen Seiten an uns, die zu uns gehören. Die Anregung dazu kann aus unserem Unbewussten kommen, oder auch aus der Auseinandersetzung mit der Mitwelt. Der Individuationsprozess ist andererseits ein Prozess der Abgrenzung, des Gewinnens von immer mehr Autonomie, mehr Freiheit. Abgrenzung: Einmal bedeutet das eine bewusste Auseinandersetzung mit dem kollektiven Bewusstsein, mit Rollen und Normen, mit Autoritäten, andererseits auch eine altersgemäße Ablösung von den Elternkomplexen, eine Auseinandersetzung mit Komplexen überhaupt, die uns nicht ermöglichen, das zu leben, was wir leben wollen, sondern die in uns einen gewissen Wiederholungszwang bewirken.[1] Der Individuationsprozess ist gekennzeichnet von konsequentem Fragen nach „mir selbst" – in der Beziehung zu meinem Unbewussten, meinen Mitmenschen, der Mitwelt. Und darauf gibt es immer wieder Antworten, die mich als einmaligen Menschen mit einmaligen Anforderungen des Lebens zeigen. Diese Antworten sind vorläufig und auf Korrigierbarkeit hin angelegt.

Jung bezeichnet den Individuationsprozess einerseits als internen, subjektiven Integrationsvorgang, d. h. in diesem Prozess stehend lernt der Mensch immer mehr Seiten an sich kennen und tritt mit ihnen in Kontakt; verbindet sie mit dem Bild von sich selbst, z. B. durch Rücknahme von Projektionen. Andererseits ist der Individuationsprozess ein interpersoneller, intersubjektiver Beziehungsvorgang. Jung: „Denn die Beziehung zum Selbst ist zugleich die Beziehung zum Mitmenschen, und keiner hat einen Zusammenhang mit diesem, er habe ihn denn zuvor mit sich selbst."[2] Heute wird dieses Verhältnis nicht als zeitliches Nacheinander verstanden, sondern dialogisch: Die Beziehung zum Selbst und zum Mitmenschen bedingen einander.

Es geht also beim Individuationsprozess nicht nur um das Erreichen von Autonomie und damit von mehr Freiheit – darum geht es auch –, sondern immer auch um die Entwicklung zu mehr Beziehungsfähigkeit und um mehr Echtheit. Es geht um Autonomie innerhalb von Beziehung.

Individuation ist ein Prozess und letztlich auch ein Ziel. Als Ziel ist Ganzwerden eine Utopie, die wir nie erreichen, wir sind bestenfalls auf dem Weg, und auf diesem Weg bleibt man auch immer wieder einmal stecken. Der Prozess indessen erfüllt die Dauer des Lebens mit Sinn.[3] Dieser Prozess besteht in einer kontinuierlichen Auseinandersetzung zwischen Bewusstsein und Unbewusstem, die sich in zwischenmenschlichen Beziehungsmustern und Spannungen zeigen. Diese Gegensätze müssen ausgehalten werden, bis sich neue Systeme bilden, die sich meistens auch in Symbolen zeigen. Im Verlaufe dieses Prozesses werden einige besonders wichtige Archetypen – wie Animus und Anima (Bilder des geheimnisvollen Fremden oder der geheimnisvollen Fremden, die einerseits die Ablösung von den Elternkomplexen bewirken, andererseits mehr zur eigenen Mitte hinführen und die Beziehungen steuern) – und die vielfältigen Bilder des Schattens belebt.

Jung sieht ein Zentrum im Menschen, das diesen Individuationsprozess intendiert und bewirkt: das Selbst, dem der Ichkomplex gegenübersteht.

Was versteht man unter dem Selbst im Jungschen Sinn?

Jung sieht im Selbst ein wegweisendes Prinzip im Menschen. Dieses sei der geheime spiritus rector unseres Lebens. Es bewirke, dass wir sind und uns entwickeln.[4] Das Selbst wirkt als apriorisches Gestaltungsprinzip in uns, das auch den Aufbau des Ichkomplexes und unser Gefühl der Identität steuert. Weiter wird das Selbst als Ursache für die Selbstregulierung der Psyche angesehen: Für Jung ist das psychische System – dies formulierte er schon 1916 – ein sich selbst regulierendes System wie auch der lebende Körper. Diese Selbstregulation wird vor allem darin wirksam, dass das Unbewusste gegen bewusste Einseitigkeiten reagiert, so dass die Integrität der Gesamtstruktur gewahrt bleibt. Der Mensch bleibt dennoch fähig, seinen jeweiligen Standpunkt zu transzendieren, sich also zu wandeln.[5]

Das Selbst als zentraler Archetypus wird von Jung weiter beschrieben als Grund und Ursprung der individuellen Persönlichkeit. Es umfasst diese individuelle Persönlichkeit in Vergangenheit, Gegenwart und Zukunft.[6] Symbolisch erscheint das Selbst oft in der Vereinigung von Gegensätzen auch in abstrakten Symbolen, die eine Ganzheit symbolisieren und deren Wesen es ist, dass viele mögliche Gegensätze in ihnen enthalten, aber nicht aufgehoben sein müssen. Solche Symbole sind zum Beispiel der Kreis, die Kugel, das Kreuz.

Wird der Archetypus des Selbst erlebt – dies geschieht meistens in Träumen oder ausgedrückt in gemalten Bildern –, dann entsteht ein Lebensgefühl der Selbstzentrierung, der Schicksalhaftigkeit einer Situation. Dieses Gefühl wird begleitet vom Erleben einer fraglosen Identität, einem unabweisbaren Sinnerleben und einem sicheren Selbstwertgefühl. Das Selbst gilt dann auch strukturell als Archetypus der Ordnung und der Selbstzentrierung, von der Dynamik her ist es der Archetypus, der zur Selbst-Werdung anregt. Im Folgenden möchte ich nochmals auf besondere Aspekte der Archetypen eingehen.

Bei ihnen handelt es sich um anthropologische Konstanten des Erlebens, des Abbildens, des Verarbeitens und des Verhaltens. Sie sind Ausdruck der Menschenart des Menschen.[7] Der Archetypus ist einerseits ein Struktur gebender Faktor im psychischen und im physischen Bereich, andererseits ein dynamischer Faktor. Das heißt, Menschen haben in bestimmten Lebenssituationen vergleichbare Emotionen, vergleichbare Bilder, ähnliche körperliche Reaktionen und ein ähnliches Verhalten. Archetypen an sich sind vorgegebene Kategorien, die uns helfen, die vielen Wahrnehmungen, Emotionen etc. zu ordnen, chaotische Eindrücke in sinnvollen Einheiten zu bündeln. Die archetypischen Vorstellungen, die archetypischen Bilder, die auf dieser Struktur beruhen, sind Bilder, die sich in der Menschheitsgeschichte schon immer nachweisen lassen. Sie sind faszinierend, numinos, haben die Qualität der religiösen Erfahrung, wecken starke Gefühle und geben uns das Gefühl, etwas Bedeutendes zu erleben. Diese archetypischen Bilder sind in der Regel vermittelt durch unsere persönlichen Komplexe und werden durch diese individuell eingefärbt.

Aber archetypische Strukturen helfen nicht nur, die Welt und uns selbst sinnvoll zu erkennen, mit emotional verstörenden Situationen gut umzugehen, von ihnen gehen auch neue schöpferische Impulse aus. Sie haben Unabgegoltenes[8] in sich, können Fantasieelemente wecken, die der psychischen Entwicklung des Einzelnen dienen, ja sogar auf dem Wege der Fantasie Erlebnisse ermöglichen, die im konkreten Leben zu wenig erlebt worden sind, und die dann durch die Fantasie überhaupt initiiert, oder zumindest verstärkt werden, also eigentlich schöpferische Impulse hervorbringen.

Das Selbst wird gesehen als Archetypus der Ordnung und der Zentrierung, von dem aus ein Impuls zur Entwicklung, zur Selbstverwirklichung geht.

Dieses Selbst könnte man als das je eigene Selbst bezeichnen. Es ist etwas, das die jeweilige Ganzheit für das Individuum anregt und durch das Ich realisiert werden muss. Das Verhältnis von Selbst und Ich besteht in einer gegenseitigen Fundierung – keines kann ohne das andere existieren.

Jung spricht dann weiter auch von „dem Selbst". „Das Selbst" wäre dann der ewige oder universale Mensch in uns, „der runde, d. h. vollkommene Mensch der Ur- und Endzeit, Anfang und Ziel des Menschen überhaupt"[9].

Selbstverwirklichung, Individuation, ist nicht nur persönliche Notwendigkeit in dem Sinne, dass man nicht einfach als Kopie lebt, dass man wirklich entwickeln kann, was in einem als je Eigenes auch angelegt ist, nicht nur etwas, was dem eigenen Leben Sinn und Bedeutung vermittelt. Individuation bedeutet auch eine Bemühung um die Entwicklung des Menschlichen an sich, des kollektiv Menschlichen. Das heißt aber auch: Was mir geschieht, ist zwar für mich einmalig, aber es ist anderen auch schon geschehen und konnte bewältigt werden.

Jung erwähnt dann auch noch eine dritte Stufe des Selbst, und zwar in Anlehnung an den Alchimisten Dorneus. Dieser geht davon aus, dass der ganzheitliche Mensch sich mit dem Unus Mundus verbinden könne, der potenziellen ganzen Welt des ersten Schöpfungstages. Das hieße, dass das Selbst, zunächst intrapsychisches Zentrum des Menschen von großer Selbstregulierungs- und Anordnungskraft auch in der äußeren Welt, letztlich auch in einer Verbindung zum Kosmos als dem Ganzen steht. Letztlich wird durch diese Idee alles Lebendige als ein Organismus verstanden. Diese Idee, die in der Renaissance lebendig war, fasst heute durch die Ökologiebewegung wieder Fuß in unserem Denken.

Im Individuationsprozess lernen wir, dem Unbewussten Aufmerksamkeit zu schenken, das heißt, dass wir uns mit den Äußerungen des Unbewussten, mit Symbolen, Träumen etc., beschäftigen, aber auch mit Emotionen, vor allem aber auch mit Erfahrungen in Beziehungen, denn in der Auseinandersetzung mit dem Du in Beziehungsmustern, in Beziehungsgeschichten zeigt sich sehr viel auch von unserer unbewussten Psyche. Oft werden die jeweils anstehenden Entwicklungsthemen in Symbolen an das Bewusstsein herangetragen. In der schöpferischen Auseinandersetzung mit den Symbolen entwickelt sich die Persönlichkeit und lösen sich Probleme. Der Individuationsprozess ist eigentlich ein schöpferischer Prozess, der mit Methoden, die das Schöpferische fördern, unterstützt werden kann.

Die Psyche hat den Drang, sich zu entwickeln. Krank werden wir dann, wenn wir diesen Drang nicht mehr aufnehmen können. Symbole enthalten diesen Entwicklungsgedanken: alles Leben hat eine verborgene Zielgerichtetheit. So erscheint dann auch die Alltagswirklichkeit in einem symbolischen Verweisungszusammenhang. Dieses Bild vom Menschen sieht den Menschen in einem umfassenden Sinnzusammenhang: Es steht in schöpferischer Wandlung und erlebt fehlende Wandlung als bedrückend. Und über allem Geschehen existiert noch eine Dimension über das Offensichtliche hinaus, das deshalb geheimnisvoll bleibt.

Symbole

Symbole, wie zum Beispiel ein Ring, eine rote Blume, ein Schiff usw., bestehen aus etwas sinnhaft Fassbarem. Sie verweisen gleichzeitig auf Hintergründiges. Symbole erleben wir in Träumen, in Fantasien, in Kunstwerken, in Faszinationen, im Alltag, in Märchen und Mythen, in Symptomen usw. Wird ein Symbol bedeutsam für unser Leben, dann beginnen wir, unsere aktuelle Lebenssituation auf dieses Symbol hin zu beziehen und zu verstehen. Symbole binden unser Interesse. Emotionen und Bedeutungen, die mit diesem Symbol verbunden sind, werden erlebt und erinnert. Leben wird im Zusammenhang mit diesem Symbol bedeutsam. Wir beginnen uns dafür zu interessieren, welche Bedeutung dieses Symbol in der Menschheitsgeschichte schon immer gehabt hat. Wir versuchen zu verstehen, welche Bedeutung für unser aktuelles Leben stimmig sein könnte. Das Symbol meint einerseits unsere ganz aktuelle existenzielle Situation und verweist gleichzeitig auf Hinter-Gründiges, auf Zusammenhänge, lebensgeschichtliche und menschheitsgeschichtliche. Auch wenn wir meinen, ein Symbol zu verstehen, wenn wir mit ihm in Kontakt getreten sind, behält es doch immer noch einen Bedeutungsüberschuss in der jeweiligen Situation. Gerade dieser Bedeutungsüberschuss bewirkt, dass das Symbol Hoffnungen in uns erweckt und Erwartungen am Leben hält. Symbole tragen Erinnerung und Erwartung in sich. Für den therapeutischen Prozess sind Symbole Brennpunkte unserer menschlichen Entwicklung, Verdichtungskategorien: Lebensthemen, Konflikte, die einerseits unsere Schwierigkeiten ausmachen, aber auch unsere Lebensmöglichkeiten in sich bergen und unsere Entwicklungsmöglichkeiten abbilden.

Symbole können tiefe Gefühle in uns wachrufen, Gefühle, die wir traditionellerweise als religiöse Gefühle bezeichnen und die Hingabe fordern. Religiöse Bedürfnisse gehören zum Wesen des Menschen. Aus der Geschichte der Kultur wird deutlich, dass der Mensch schon immer eine Beziehung hatte zu etwas, das ihn übersteigt – zu einem Absoluten hin. Das wird besonders in den Grenzerfahrungen des Lebens, wie Tod und Geburt sichtbar. Der Mensch hat dieses religiöse Bedürfnis einfach, es ist archetypisch. Man kann nicht nicht religiös sein,[10] und das Absolute ist auf alle Lebensbereiche projizierbar: auf Macht, auf Sexualität, auf Geld, auf Natur usw. Alles kann im Grunde genommen „vergottet" werden, und dann auch die totale Hingabe fordern.

Da das Bedürfnis, in irgendeiner Weise Transzendenzerfahrungen zu machen, in unserer posttraditionalen Gesellschaft bei vielen Menschen immer noch mit „Gott" in Verbindung gebracht wird, Gott für sie aber nicht mehr existiert, gerät das Bedürfnis nach Transzendenz in den Schatten. Es wird projiziert und damit auch maskiert. Das Absolute, das Ganzmachende, das Heilmachende und die Beziehung dazu werden projiziert. Und dadurch entstehen Fundamentalismen und Absolutismen. Vieles wird absolut gesetzt: wie etwa eine Diät, die man mit einer Gruppe Gleichgesinnter befolgt. Das große Ganze, dem man angehören möchte, wird leichter auf eine Gruppe projiziert. Religiöse Rituale wurden und werden meistens in einer Gemeinschaft vollzogen. Und diese Gemeinschaft fehlt heute in vielen Bereichen des Lebens. Zwar schauen viele Menschen noch die gleichen Fernsehprogramme an, aber eben nicht gemeinsam. Emotional intensive Lebenssituationen, die gemeinsam erlebt werden, sind heute die Sportveranstaltungen. Der Fußballplatz ist sozusagen die neue Kirche.

Die alte himmlische Seligkeit soll sich für den modernen Menschen im Erdendasein verwirklichen lassen,[11] Transzendenz ist nicht mehr in der Vertikalen, sondern in der Horizontalen herzustellen. Wenn es keine Heilserwartung mehr gibt, dann muss man sich das Heil schaffen. Und viele „wissen" heute, wie das Heil zu schaffen und zu vermarkten ist, und noch mehr sind froh, wenn sie endlich jemanden gefunden haben, der oder die weiß, wie „es geht". Diese „horizontale" Transzendenz erstreckt sich auch auf die Zukunft: Diese erscheint dann geradezu numinos: ein Fascinosum et Tremendum. Sie erhält gottähnliche Eigenschaften. Und wie man gut sein musste, um vor einem Gott bestehen zu können, muss man jetzt immer besser sein, um irgendwann die gelobte Zukunft gut zu erreichen. Damit entwertet man jedoch die Gegenwart: das, was ist, das, was wir schaffen, damit uns selbst.[12]

Wohin also mit den religiösen Bedürfnissen? Wenn sie nicht projiziert sein sollen und wenn sie uns verhelfen sollten, in einer wirklichen Gegenwart und nicht in einer möglichen Zukunft zu leben?

Die religiöse Erfahrung ist für Jung von großer Bedeutung. Wie wesentlich sie für ihn war, kann man dem folgenden Zitat entnehmen:

„Wenn wir die psychologische Struktur des religiösen, das heißt ganzmachenden, heilenden, rettenden, allesumfassenden Erlebnisses zu definieren versuchen, so scheint die einfachste Formel … die folgende zu sein: Im religiösen Erlebnis begegnet der Mensch einem seelisch übermächtigen Anderen."[13] Und nur das Übermächtige, welchen Ausdruck es auch annimmt, fordert den Menschen als Ganzes heraus und zwingt ihn, „als Ganzheit zu reagieren"[14].

Als Ganzheit zu reagieren, ist wohl das Äußerste, was ein Mensch zu tun vermag, und ist etwas, das dem Menschenleben die wesentlichste Sinnerfahrung und Existenzerfahrung vermittelt. Das kann man erleben, wenn sich etwas ganz Einschneidendes im Leben eines Menschen ereignet, etwa der Tod eines geliebten Menschen. Wenn dann der trauernde Mensch nicht untergeht, sondern nach und nach neben dem Schmerz ungeahnte Kräfte und Seiten sichtbar werden. Erich Fromm sagte in diesem Zusammenhang: „Sich ganz zu geben ist der einzige Weg, selbst zu sein."[15] Dies ist eine wichtige Form der Transzendenzerfahrung. Die Neurowissenschaften gehen heute davon aus, dass Veränderungen nur über die Erfahrung von starken Emotionen möglich sind.

Der äußeren Erfahrung muss in der Sicht von Jung eine innere Erfahrung entgegengestellt werden. Dies ist die religiöse Erfahrung. Dabei sieht er das Unbewusste als eine zunächst fassbare Quelle religiöser Erfahrung, wendet sich aber dagegen, dass das Unbewusste mit „Gott identisch oder an die Stelle Gottes gesetzt" wird.[16]

In seinem Alterswerk, dem Mysterium Conjunctionis, spricht Jung von der „religio" als einem ständigen Fließen des Interesses zum Unbewussten hin, eine Art von ständiger Aufmerksamkeit, die man auch Andacht nennen könnte, und die es ermöglicht, dass unbewusste Inhalte leichter im Bewusstsein erfahren werden können.[17] Heute könnte man diese Aussage dahingehend ergänzen, dass das Fließen des Interesses vom Bewusstsein zum Unbewussten und vom Bewusstsein zur Welt hin sich ereignet, sodass eine Durchlässigkeit besteht.

Die Sehnsucht nach der Qualität des Göttlichen, treibt den Menschen von einem narzisstischen Standpunkt weg und öffnet diesen. Die Fixierung auf das Ego wird zugunsten einer Öffnung aufgehoben. Es ist Öffnung zu den Menschen hin, aber auch zu Erfahrungen in der eigenen Seele, die Ordnung, Zentrierung und Offenheit zu einem größeren Ganzen, zum Selbst versprechen. Und dies macht letztlich Freiheit aus.

Lebendige Symbole

Die großen religiösen Symbole (zum Beispiel Ostern) gehören zur Welt des kollektiven Bewusstseins und des kollektiven Unbewussten: Sie sind uns zugänglich und haben in sich eine Verbindung zum kollektiven Unbewussten, was auch wieder bedeutet, dass der Mensch eine Verbindung zu seinen Wurzeln und den Wurzeln des Menschseins hat. Die Erfahrung von religiösen Symbolen ist eine archetypische Erfahrung. Das bedeutet, in der Psyche konstellieren sich immer wieder jene Bilder, die man braucht, um chaotische Lebenssituationen zu überstehen, sehr oft sind es Bilder von Neuanfang (wie etwa in Schöpfungsmythen). Eine solche Verbindung könnte in einer Zeit der Orientierungslosigkeit, in einer Zeit, in der man sich fragt, was denn letztlich noch gültig ist und trägt, sehr wichtig werden.

Was aber, wenn die Symbole nicht mehr lebendig sind, wenn sie uns eben nicht mehr unseren Wurzeln verbinden, wenn die religiösen Symbole Studien- oder Kunstobjekte geworden sind und nur noch intellektuelles oder ästhetisches Interesse zu wecken vermögen? Es geht in der Arbeit mit Symbolen darum, sich mit den Symbolen, die sich in der Psyche zeigen, zu konfrontieren, sie zu akzeptieren, zu meditieren und zu gestalten. Dies führt zu den persönlich bedeutsamen Symbolen hin, die zu verschiedenen Zeitpunkten des Lebens verschieden sein können.

Und das, so sagt Jung, bedeute auch, dass der Mensch seine Seele wiederfinde.

Es ist nun aber nicht einfach so, dass man anstelle eines Gottes das Unbewusste setzen kann, dass man seine eigenen Träume und Fantasien nur zu konsumieren brauche und dadurch einfach zu Sinnerfahrungen kommen könnte. Sinnerfahrungen sind Folge einer intensiven, unermüdlichen Auseinandersetzung zwischen dem Bewusstsein und dem Unbewussten – und wenn man Glück hat, dann ereignet sich immer einmal wieder so etwas wie Sinnerfahrung. Dabei sind natürlich Techniken ein Gewinn, die helfen, sich dem Unbewussten gegenüber zu öffnen, wie Imagination, Meditation, alle Arten von Konzentrationsübungen sowie Methoden, die dem Unbewussten Gelegenheit geben, sich auszudrücken, wie Malen, Musik usw. Aber sie sind nicht das Ziel.

Es ist ein großer Irrtum zu meinen, dass ein Mensch, der sich in einem Individuationsprozess befindet, sich ständig nur mit großen Bildern abgibt. Auch diese Form der Therapie hat mit Bewältigen von Alltag zu tun, mit Verändern von Beziehungsmustern zu anderen Menschen und zur Welt. Auch wir sprechen von Konflikten, davon, dass wir an Komplexkonstellationen arbeiten müssen, dass Spannungen auszuhalten sind, damit es sich zeigt, wohin denn der Entwicklungsimpuls der Seele geht. Treten aber Bilder auf, die den Menschen ergreifen, reduzieren wir diese nicht, sondern lassen sie in ihrer Numinosität wirken und beobachten, was sie vom Menschen wollen, bei dem sie aufgetaucht sind.

Sinn entdecken – ein Fallbeispiel

Eine 42-jährige Frau möchte eine Therapie haben, weil sie das Leben sinnlos und die Welt und sich selber bedeutungslos findet. So sieht sie aber eigentlich gar nicht aus, sondern erscheint eher als eine Person, die ihr Leben sehr gut im Griff hat. Sie sagt von sich außerdem, sie sei kurzatmig geworden, der Arzt hätte aber keinen Befund ausmachen können. Es störe sie aber: Sie komme ständig außer Atem, obwohl sie wöchentlich mindestens zwei Mal im Fitnesscenter trainiere.

Sie erzählt, sie habe mit knapp 30 Jahren auf ihrem Gebiet (sie ist Designerin) eine Erfindung gemacht, die ihr viel Geld und viel Ansehen eingebracht habe. Seither verteidige sie ihre Marktstellung und passe auf, dass nicht zu viele von ihren Ideen geklaut würden. Das sei anstrengend – aber das sei halt so in dieser Branche.

Sie lebt mit einem Mann zusammen: Die Beziehung „funktioniere prima", sie sei „total gut durchorganisiert". Sex hätten sie am Wochenende – „vorausgesetzt, beide sind zu Hause". Sie haben keine Kinder. Das ist eine Abmachung. Ihr Partner hat Kinder aus einer ersten Ehe, sie selber will keine Kinder.

An den Wochenenden oder in den Ferien, die das Paar recht häufig miteinander verbringt, habe sie sich früher für vieles interessiert, sich Kunst angesehen usw. Sie habe dann auch jeweils selber wieder gezeichnet und Ideen gehabt. Jetzt fehle ihr die Geduld, etwas wirklich anzusehen. Sie empfinde alles als so sinnlos, es gäbe doch kaum etwas Neues unter der Sonne.

Wir sprechen über ein mögliches Therapieziel, wobei sie Folgendes äußert: Sie möchte ihre Kreativität wieder finden – dann würde sie ihr Leben wieder sinnvoll finden. Sie sieht ihr Problem als ein Managementproblem ihres Lebens. Sie möchte sich in der Therapie so positionieren, dass es möglichst wenig Energieverluste gibt. Wir müssten also unsere Kommunikation optimieren, Unvorhergesehenes minimieren, das heißt, Probleme voraussehen und Strategien zu deren Lösung entwickeln. Ob ich eine Technik hätte, um ihre Kreativität wieder zu beleben?

Ich sage ihr, Lebensbewältigung als Managementaufgabe habe sie sicher bis jetzt sehr kompetent gemacht; Kreativität lasse sich offenbar nicht gleichermaßen managen. Für das Management fühlte ich mich nicht zuständig, das könne sie besser. Eine therapeutische Beziehung sei in meinen Augen eine immer wieder neu stattfindende Begegnung, in der sich Beziehungsmuster zeigen würden, die in dieser Beziehung verändert werden könnten. Bei dieser Begegnung sei auch eine Öffnung zum Unbewussten hin, zu den Träumen und zu den Fantasien hin intendiert. Damit sei es wahrscheinlich, dass wir Einfälle aus ihrer Psyche finden könnten, die zeigen würden, wohin die Entwicklung gehe. Eine Konsequenz dieser Einstellung: Ich möchte nicht informiert werden, sondern ich möchte möglichst gute Geschichten erzählt bekommen, damit wir gemeinsam in einen erzählerischen Raum eintreten könnten, wo Veränderungen möglich seien. Ich könnte ihr deshalb auch keinen Zeitplan vorlegen …

Es ist also eine Frau, die ihr Leben organisatorisch wunderbar im Griff hat, aber so hart zugreift, dass nichts mehr geschehen kann. „Alles" ist unter Kontrolle – oder vielleicht gerade noch mühsam unter Kontrolle. Und so soll das Leben weitergehen, und die Kreativität soll auch wieder ein Bestandteil dieses Lebens sein. Doch es ist kein Raum vorhanden für Einfälle, für Unvorhergesehenes, für Fremdes.

In den therapeutischen Gesprächen erleben wir immer wieder den einen Widerspruch. Sie fragt: Was will ich vom Leben? Ich frage: Was will das Leben von Ihnen? Ich lobe ihre Effizienz im Umgang mit ihrem äußeren Leben und frage beharrlich nach ihrem inneren Leben, nach Gefühlen, nach Fantasien, nach Träumen.

In die 21. Stunde bringt sie einen Traum mit:

Ich bin in einer dürren Landschaft, ich wandere, aber eigentlich marschiere ich rasch, als ob ich zu einem bestimmten Zeitpunkt an einem bestimmten Ort sein müsste. Ich bin durstig. In dieser Landschaft hat es viele Brunnen. Aber immer, wenn ich voll Hoffnung zu einem Brunnen komme, ist es wieder ein Brunnen ohne Wasser. Ich sage laut: (etwa nach dem 5. Brunnen): Das ist ja wie verhext …

Ihre Einfälle: „Es war ein ganz langer Traum, ich weiß gar nicht, an wie vielen Brunnen ich vorbei gekommen bin. Ich habe den Eindruck von einem ganz langen Gehen – und großem Durst – und der wurde immer mehr. Einmal im Traum fiel mir noch ein, was mir jetzt all mein Geld nützt, wenn ich einen solchen Durst habe, und nicht einmal Wasser trinken kann. Es ist doch wirklich wie verhext: Wo Brunnen sind, da gibt es normalerweise Wasser."

Sie kann den Traum auf ihr aktuelles Lebensgefühl übertragen: „Ich habe wirklich Durst, Lebensdurst. Mein Leben ist einfach nicht saftig im Moment."

„Wie verhext ...?" – Was fällt ihr dazu ein?

„Das sagt man halt so. Meine Mutter war überhaupt keine Hexe. Sie war eine Frau, die ganz viele Geschichten erzählt hat, und sie hat sie auch noch dargestellt. Manchmal gezeichnet, manchmal mit Holzstücklein dargestellt, oder schnell aus Karton Figuren ausgeschnitten und geklebt – von ihr habe ich wohl mein Talent."

Und nach einer Pause: „Sie brachte es zu nichts."

Ihre Mutter starb mit 44 Jahren, die Patientin war damals 21. Sie hat noch einen Bruder, der zwei Jahre älter ist. Ihr Vater bewundert sie wegen ihrer Tüchtigkeit. „Sonderbar: Meine Mutter hat es zu nichts gebracht, aber ihr fiel immer etwas ein – ich habe es zu etwas gebracht, und mir fällt nichts mehr ein.

Meine Mutter hat nichts gemacht aus ihrem Talent, und dann ist sie gestorben, oder umgekehrt: Ist sie gestorben, weil sie nichts gemacht hat aus ihrem Talent?"

Die Patientin streift die Frage, ob ein Leben sinnlos ist, wenn es nur 44 Jahre gedauert hat. Es folgen Überlegungen, ob die Länge eines Lebens entscheidend ist oder die Intensität. Sie findet dann, man müsse das Leben eh' nehmen wie es komme, aber das intensive Leben sei allemal gut, denn über die Länge wisse man ja nichts ... Sie fürchtete sich davor, mit 44 Jahren auch zu sterben wie die Mutter. Dieses Thema, das hier erstmals gestreift wurde, wurde später zentral auch im Zusammenhang mit ihrem Kinderwunsch.

Immer wieder kam sie zurück zu den Brunnen: „Die Mutter hatte viele Brunnen, ich hatte auch viele Brunnen, aber jetzt haben diese kein Wasser mehr."

Sie stellt fest, dass sie in der Therapie eigentlich schon kreativ sei, denn wir seien miteinander kreativ. Sie habe diese Erfahrung noch nie gemacht: dieses Spielen mit Symbolen, die Einsichten, die sie plötzlich habe, das sei schon kreativ, aber natürlich nicht dasselbe, wie künstlerische Kreativität in ihrem Arbeitsbereich.

Ihre Problematik stellt sich jetzt symbolisch dar. Bezeichnete sie ihr Leben zu Beginn als sinnlos und wertlos, etwas, das sie auch körperlich sehr stresst, so wird das symbolisch ausgedrückt im großen Durst und im Fehlen des Wassers. Und das alles ist irgendwie „verhext".

Wenn etwas verhext ist, dann muss man es eben „enthexen".

Mir fällt dazu ein Märchen ein, das ich ihr erzähle. Es ist ein Versuch, die persönliche Problematik dieser Frau in einen größeren Zusammenhang hineinzustellen: Denn das, was einem einzelnen Menschen geschieht, ist auch anderen Menschen schon geschehen – und davon erzählen Geschichten, die wie eine Schatztruhe wirken: In ihnen werden nämlich Gefühle gestaltet, die dann jeweils ein bestimmtes Verhalten bewirken. Diese Geschichten sprechen meistens in Symbolen, die wiederum die Symbole in der eigenen Psyche ansprechen, unsere Psyche gibt dann eine Resonanz auf diese Geschichten – oder auch nicht. In diesem Falle würde man den Einfall einfach nicht weiter beachten. Wahrscheinlich lag diese Geschichte bei mir schon lange ahnungsweise als Reaktion auf die ganze Lebenssituation der Analysandin bereit, und es ging darum, sie im richtigen Moment, im guten Moment einzubringen.

Die Frau, die auszog, ihren Mann zurückzuerobern – eine Zusammenfassung[18]

Ein König und eine Königin hatten drei Söhne. Der Älteste war selber verheiratet und hatte Kinder. Der König war fast schon etwas alt, aber er war noch rüstig und wollte weiterherrschen. Da spazierte er eines Tages im Garten, schaute in die Luft hinauf, da fiel ihm Kot von einem Vogel in die Augen, und er wurde blind. Das verdross ihn sehr. Er ließ alle Ärzte des Landes kommen, und als diese nicht helfen konnten, alle Hexenmeister. Einer wusste Rat. Ganz am Ende der Welt, auf einer felsigen Insel, da gebe es ein Schloss. Im Schlosshof gebe es einen Brunnen mit Zauberwasser. Wasche er sich damit die Augen, dann könne er wieder sehen. In dem Schloss aber wohne eine Hexe.

Der König ließ seine Söhne holen und versprach dem, der ihm das Zauberwasser bringe, sein Reich nach seinem Tode. Der Jüngste machte sich auf die Reise, ritt 49 Tage und Nächte lang – und dann kam er an das Ende der Welt. Ein alter Fischer, der da saß, fragte ihn, wohin er wolle. „Ich will übers Meer zum Hexenfelsen, denn mein Vater ist blind geworden, und ich soll ihm das Zauberwasser bringen." Der Fischer warnt ihn, die Hexe sei eine Tochter des Teufels, sie verzaubere die Ritter. Der Junge ließ sich nicht beirren und bat den Fischer, sein Pferd in den Stall zu stellen und ihn hinüber zu rudern. Das tat der Alte.

Der junge Prinz kletterte den Schlossfelsen hinauf, kein Mensch war im Schlosshof, aber man hörte einen Brunnen plätschern. Neben dem Brunnen saß ein wunderschönes junges Weib. Er sagte, man habe ihn vor einer Hexe gewarnt, aber die junge Frau antwortete, es gebe keine Hexe, er solle sich ruhig das Wasser nehmen. Dann: „Du wirst hungrig und durstig sein, warte, ich bringe dir zu essen und zu trinken." Und weil die junge Frau gar so schön war, blieb er sitzen. Beim ersten Bissen aber, den er zu sich nahm, versank er in einen tiefen Schlaf und wurde zu Stein. Die Hexe – sie war das junge Mädchen gewesen – klatschte in die Hände, und der versteinerte Jüngling wurde in eine Gruft zu anderen versteinerten Rittern gebracht.

Als der Jüngste nicht zurückkam, ging der zweite. Auch er wurde vom Fischer gewarnt. Er aber sagte bloß: „Dann werde ich die Hexe mit dem Schwert dazu zwingen, meinen Bruder freizulassen und mir das Zauberwasser zu geben. Er zog sein Schwert, ging langsam auf den Schlossbrunnen zu, und wollte seine Flasche füllen. Da trat aus dem Schloss ein wunderschönes Mädchen. Eine große Liebe ergriff ihn zu dem Mädchen und er fragte sie, ob er sie mit sich nehmen und heiraten solle. Er küsst sie, doch sobald seine Lippen die Lippen der Hexe berührt hatten, erstarrte er – die Hexe klatschte in die Hände und die Diener legten ihn in die Gruft neben seinen Bruder.

Dann ging der Älteste, um das Wasser des Lebens zu suchen. Auch ihn warnte der Fischer. Der Älteste aber sagte nur: „Ich werde sie töten, und alle, die in dem Zauberschloss wohnen."

Als er in den Schlosshof kam, war niemand zu sehen – nur das Wasser plätscherte. Er füllte seine Flasche und machte sich auf die Suche nach seinen Brüdern. Er kam in die Küche, da saß eine alte Frau. Er fragte nach seinen Brüdern. Da verwandelte sich die alte Frau in seine Gattin, die umarmte ihn und sagte: „Ich bin hierher geeilt, um dir zu helfen." Er ließ sich umarmen, und da wurde auch er zu Stein.

Als keiner der Söhne zurückkam, wurde der alte König schwermütig und schloss sich ein. Niemand kümmerte sich um die Regierungsgeschäfte. Die Frau des Ältesten aber weinte, und nach einem Jahr ließ sie sich in aller Heimlichkeit Männerkleider bringen, und ritt ans Ende der Welt. Der Fischer merkte, dass er eine Frau vor sich hatte und warnte sie. Sie aber sagte: „… für mich hat das Leben keinen Sinn mehr, und wenn ich die Prinzen nicht befreien kann, so will ich tot neben ihnen liegen." Da verriet ihr der Fischer, dass sich die Hexe in die Gestalt der Frau verwandeln kann, die der jeweilige Ritter in seinem Herzen trägt. Auch warnte er sie davor, etwas zu essen oder zu trinken anzunehmen.

Als die junge Frau in den Schlosshof tritt, saß eine junge Frau am Brunnen und sagte: „Junger Held, wie siehst du hungrig und durstig aus. Warte, ich werde dir zu essen und zu trinken bringen." Die Prinzessin antwortete nicht, zog ihr Schwert und ging auf die Hexe los. Diese versuchte, das Bild der Geliebten im Herzen des Ritters zu lesen, aber sie forschte vergeblich danach. Sie wechselte mehrfach die Gestalt – umsonst. Das Schwert durchbohrte sie – und im Sterben erkannte sie das Geschlecht ihres Mörders: „Eine Frau ist der Tod."

Kaum war die Hexe tot, strömte das Gefolge der Hexe herbei. Mit dem Zauberwasser belebten sie die versteinerten Prinzen, der ganze Schlosshof füllte sich mit Prinzen und Rittern. Alle nahmen Lebenswasser mit sowie Gold und Edelsteine. Der Fischer musste lange rudern und bekam viel Lohn dafür.

Als der alte König hörte, dass seine Kinder zurückgekehrt seien, schloss er seine Kammer auf und die Prinzessin berührte seine Augen mit Zauberwasser – und er wurde wieder sehend.

Der König dankte ab und befahl, sie solle seine Krone tragen, sein Sohn aber solle regieren.

Dieses Märchen, hat nun auch mit Sinnfindung zu tun. Dabei wird der Sinn jeweils projiziert – und vielleicht kann man gar nicht anders, als den Sinn immer wieder auf etwas zu projizieren, auf etwas, das uns der höchste Wert zu sein scheint. Sinnentzug und höchster Wert gehören zusammen.

Der alte König projiziert den Sinn auf den Machterhalt, die Söhne projizieren den Sinn auf den Machterwerb, die Frau aber sieht den Sinn in der Beziehung zu ihrem Mann und den Prinzen. „Für mich hat das Leben keinen Sinn mehr, und wenn ich die Prinzen nicht befreien kann, so will ich tot neben ihnen liegen."

In dieser Haltung wird der Sinn auf die Beziehung projiziert und sie gewinnt damit das Wasser des Lebens.

Das Märchen löste eine große Resonanz in der Psyche der jungen Frau aus: „Es ist, wie wenn dieses Märchen für mich geschrieben worden wäre."

Sie erkennt, dass die Sinnprojektion auf den Machterhalt, wie sie beim König anzutreffen ist, nicht einfach falsch ist, sondern dass es eine zu „eng angelegte" Sinnerfahrung ist, und dass der König nicht versteht, dass es im Leben Rhythmen gibt: festhalten und loslassen – und dass die Sinnerfahrung auch im Loslassen liegen könnte. Sie überträgt die Geschichte auf ihre Lebenssituation: Ihr erfolgreiches Geschäft bringt ihr nicht mehr das Wasser des Lebens – nicht mehr. Das ist für sie ein ganz wichtiger Gedanke.

Die Hexe mit dem Lebenswasser wird von der Analysandin als „kreative Hexe" verstanden: diese kreative Hexe wurde zu lange weggesperrt, weil der König ja nichts verändern wollte – Kreativität verändert, sonst ist es keine Kreativität. „Wenn man so tut, als wäre dieser männliche Machterhalt in Ordnung, dann wird alles unlebendig."

Die Hexe und ihr Wasser des Lebens werden gebraucht. Die Idee, die Hexe zu töten, findet die Analysandin unmöglich. Sie kann diese Tötung zwar symbolisch verstehen: Eine Einstellung muss unerbittlich getötet werden; die Hexe gaukelt ja den Männern vor, was diese jeweils sehen wollen, und dann werden sie versteinert und gelangen eben nicht zum Wasser des Lebens. Dennoch: Für die Analysandin muss diese Hexe sichtbar transformiert werden.

Und so setzt sie sich mit der Hexe in der Fantasie auseinander – es beginnt ein Dialog.

Die Frau erklärt der Hexe, sie brauche das Wasser des Lebens dringend. Die Hexe ist einverstanden, will aber nicht mehr am Ende der Welt leben, sondern bei ihr. Das wiederum ängstigt die Analysandin.

Im Folgenden ein Ausschnitt aus einer aktiven Imagination:
- Und wie kann ich wissen, dass du mich nicht plötzlich versteinerst?
- Das hängt von dir ab, so lange du das Wasser fließen lässt, so lange versteinere ich dich nicht.
- Und wenn ich es fasse, dann versteinerst du mich?
- Nicht sofort, aber wenn du das fließende Wasser nicht mehr beachtest, dann schon. Ich biete an: Ich hüte die Quelle, wie schon immer. Du hast den Kontakt zur Quelle zu halten.
- Du kommst nicht mit? (Mit leiser Hoffnung in der Stimme.)
- Doch, was sollen wir – ich und die Quelle – am Ende der Welt?
- Das scheint mir ziemlich riskant, wenn du mitkommst.
- Du liebst doch das Risiko!

Die Analysandin beschäftigt sich mit Lebenswasser, mit Zauberwasser. Die Themen der Versteinerung und des Lebendigseins beschäftigen sie intensiv – sie malt eindrückliche Bilder zu diesem Thema, von denen sie selber ergriffen ist. Sie wundert sich darüber, sie sei doch überhaupt nicht religiös, und jetzt diese Gefühle der Religiosität, die sie tief erfüllten.

Ein kreativer Prozess schlägt sich meistens auch in den Träumen nieder. Und so bringt sie nach einiger Zeit einen Traum mit.

„In einer Berglandschaft im Frühling. Es war gerade noch überall Schnee, jetzt ist es aber warm, es taut, es ist sehr nass, überall schießen Quellen aus dem Boden. Der Bergbach führt schon sehr viel Wasser mit sich. Ob eine Überschwemmungsgefahr besteht? Ich schaue nach: Der Bach hat keine Bergbachverbauungen. Ich frage Frau Kast, die plötzlich da ist, ob man eine Bachbettkorrektur im Sommer anbringen müsste. Sie findet, das sei nicht nötig, diese Flusskorrekturen seien auf die Länge gesehen kontraproduktiv."

Dieser Traum beschwingt und ängstigt die Träumerin zugleich. Im Traum wird sichtbar, dass nun viele Quellen zu fließen beginnen, und dass gleichzeitig auch noch die Schneeschmelze stattfindet. Das Erstarrte, Kalte kommt in Bewegung. Jetzt ängstigt sie sich vor zu viel fließendem Wasser, vor einem Überfluss an Lebendigkeit. Die Analytikerin steht für die Träumerin für die mutige Seite in dieser Situation, die vertritt, dass zu viel Kontrolle nichts bringt. Die Beziehung zur Analytikerin hat sich verändert, ein neues Beziehungsmuster ist sichtbar. Sie kann mich als Analytikerin nützen. Sie war ein Kind, das nicht die Erfahrung gemacht hatte, dass Erwachsene zur Beruhigung in beunruhigenden Situationen hilfreich sein können. Deshalb war sie auch der Ansicht, dass sie alles im Leben „allein" machen musste. Im Traum ist die Analytikerin da, wenn die Angst größer wird – und beruhigt, und sie lässt sich beruhigen: Hier zeigt sich ein neues Beziehungsmuster. Es ist nichts Falsches am Bachbett, diese Überschwemmungsgefahr ist nicht wirklich lebensbedrohlich.

Die Beschäftigung mit der Hexe in der Imagination waren der Analysandin kostbar. Sie hatte in der Zwischenzeit gelernt, weniger ängstlich auf ihre kreativen Impulse zu achten, sie ließ ihre Einfälle einfach kommen, und die hatten nicht immer etwas mit ihrem Berufsleben zu tun. Sie stellte fest, dass sie alles nicht mehr so in Kontrolle hat, dass es viel mehr Unvorhergesehenes in ihrem Leben gibt, und dass das Leben ungemein belebt. Ihre Kurzatmigkeit besserte sich zusehends. Es ärgerte sie aber, dass sie nicht weiß, ob sie denn noch einmal eine solche „Wahnsinnsidee" haben wird, wie sie sie einmal hatte, und sie wird dennoch ruhiger: Sie wird nehmen, was kommt – und sich damit kritisch auseinander setzen. Das Wichtigste für sie ist, dass sie wieder vielfältige Interessen spürt, diesen auch nachgeht, dass sie sich selber wieder respektiert, und Hoffnung hat, dass ihr schon wieder etwas einfallen wird. Dabei ist sie in ihrem Malen bereits wieder kreativ – und das wurde dann auch ihr neuer Beruf.

Eine Bemerkung zum Schluss:

Menschen versuchen, ihr Leben so gut als möglich zu leben, so lebendig als möglich zu sein. Das ist aber auch mit einer bewussten Anstrengung verbunden, es ist der Versuch, das eigene Leben wirklich zu gestalten. Dieses Gestalten braucht eine große Achtsamkeit – für sich selber und für die Mitmenschen. Vor allem aber fordert es auch immer wieder eine große Entschlossenheit, selber zu fühlen, selber zu denken, selber zu entscheiden – nimmt uns die Welt, nehmen uns die anderen, die Medien das doch eigentlich ab. Aber wenn wir wirklich unser Leben leben wollen, wenn wir wirklich sinn-voll leben wollen, dann können wir uns in unserem Leben nicht vertreten lassen, oder nur einmal vorübergehend und ausnahmsweise, es ist unser Leben und wir haben nur dieses eine, und wir haben viel mehr Fähigkeiten, dieses Leben zu gestalten, als wir gemeinhin annehmen.

Anmerkungen

Chancen für neue Erfahrungen

1 Caplan, G. (1964) Principles of Preventive Psychiatry. London
2 Kast, V. (1990) Die Dynamik der Symbole, Olten, S. 67 ff.
3 Jung, C. G. Briefe Bd. III, S. 14
4 Kritz, J. (1997) Chaos, Angst und Ordnung. Wie wir unsere Lebenswelt gestalten. Göttingen, S. 116
5 Jung, C. G., GW 7, § 109. Kast, V. (1990) Die Dynamik der Symbole. Grundlagen der Jungschen Psychotherapie. Olten, S. 114 ff.
6 Jung, C. G., GW 15, § 130
7 Jung, C. G., GW 16, § 396
8 Blumenberg, H. (1979) Arbeit am Mythos. Frankfurt am Main, S. 40
9 Kast, V. (1986) Märchen als Therapie. Olten

Ressourcen finden, wenn die Angst dominiert

1 Picardie, R. (1999) Es wird mir fehlen, das Leben. Hamburg, S. 62
2 Bloch, E. (1959) Das Prinzip Hoffnung. Frankfurt am Main, S. 162
3 Picardie, R., S. 155
4 Kast, V. (1984) Familienkonflikte im Märchen. Olten, S. 61 ff.
5 Kast, V. (1985) Wege zur Autonomie. Olten, S. 126 ff.
6 Kast, V. (1998) Vom gelingenden Leben. Märcheninterpretationen. Zürich, Düsseldorf, S. 47 ff.
7 Kast, V. (1995) Die Nixe im Teich. Zürich. S. 79 ff.
8 Kast, V. (1988) Imagination als Raum der Freiheit. Olten
9 A. a. O.
10 Kast, V. (1991) Freude, Inspiration, Hoffnung. Olten
11 A. a. O.

Der Wunsch, autonom zu sein

1 Fromm, E. (1959) Der kreative Mensch. In: Gesamtausgabe Bd. 9. München, S. 406, § 53

2 Haerlin, P. (1987) Wie von selbst. Vom Leistungszwang zur Mühe-
losigkeit. Weinheim, Berlin

3 Zum Thema Komplexe siehe auch: Kast, V. (1998) Abschied von der
Opferrolle. Das eigene Leben leben. Freiburg

4 Kast, V. (1990) Die Dynamik der Symbole. Olten., S. 44 ff.

5 Kast, V. (1994) Vater-Töchter, Mütter-Söhne. Wege zur eigenen
Identität aus Vater- und Mutterkomplexen. Stuttgart, S. 197 ff.

Grenzen überschreiten – das Fremde entdecken

1 Handwörterbuch des deutschen Aberglaubens II, Spalte 1264.

2 C. G. Jung, GW 16, § 501.

3 C. G. Jung, GW 10, § 864.

4 A. a. O.

5 C. G. Jung, GW 12, § 439.

6 C. G. Jung, GW 16, § 502, 503.

7 Strauch, I., Meier, B. (1992) Den Träumen auf der Spur. Bern, S. 104 f.

8 Kast, V. (1991) Freude, Inspiration, Hoffnung. Olten

Das Interesse an sich selbst – Zuwendung zu sich und der Welt

1 Izard, C. E. (1981) Die Emotionen des Menschen. Eine Einführung in
die Grundlagen der Emotionspsychologie. Weinheim – Basel, S. 243

Lebensleidenschaft – das Leben gestalten

1 Kierkegaard, S. (1922–1925) Philosophische Brocken I. Teil,
Ges. W. Bd. VI. Jena, S. 231

2 Platon, Phaidros 265 a–c. Zit. nach Platon, Sämtliche Werke (1967).
Reinbek

3 Hofstätter, P. R. (1960) Psychologie. Fischer Lexikon. Frankfurt am
Main, S. 115

4 Mantell, D. M. (1978) Familie und Aggression. Zur Einübung der
Gewalt und Gewaltlosigkeit. Frankfurt am Main

5 Jung, C. G. (1971) Praxis der Psychotherapie. GW 16. Olten, S. 248

6 Zusammengefasst in: Ulrich, D. (1982) Das Gefühl. Eine Einführung
in die Emotionspsychologie. München, S. 140

7 Vgl. Ferguson, M. (1982) Die sanfte Verschwörung. Basel

8 Jung, C. G., Wilhelm, K. (1929) Das Geheimnis der goldenen Blüte.
München, S. 12

9 In: Garfield P. (1980) Kreativ träumen, Schwarzenburg

Auf dem Weg zur Reife – Echtheit entwickeln und Sinn erfahren

1 Kast, V. (1994) Vater-Töchter, Mutter-Söhne. Wege zur eigenen Identität aus Vater- und Mutterkomplexen. Stuttgart

2 Jung, C. G. Die Psychologie der Übertragung, GW 16, § 445

3 Jung, C. G. Die Psychologie der Übertragung, GW 16, § 400

4 Jung, C. G. GW 9/II, § 257

5 Jung, C. G. Die transzendente Funktion, GW 8, § 159

6 Jung, C. G. Die Konjunktion, GW 14/II, § 414

7 Jung C. G. Die psychologischen Aspekte des Mutterarchetypus, GW 9/I, § 152

8 Jung, C. G. GW 8, § 339. Kast. V. (1990) Die Dynamik der Symbole. Grundlagen der Jungschen Psychotherapie. Olten, S. 114 ff.

9 Jung C. G. Psychologie der Übertragung, GW 16, § 416

10 Gross, P. (1994) Die Multioptionsgesellschaft. Frankfurt am Main, S. 248

11 A. a. O., S. 371

12 A. a. O., S. 405

13 Jung, C. G. Ein moderner Mythos, GW 10, § 655

14 Ebd.

15 Fromm E., Einleitung zu E. Fromm und R. Xirau, The Nature of Man, In: GW 9. München, S. 387

16 Jung, C. G., GW 10, § 565

17 Jung, C. G. Mysterium Conjunctionis, GW 14/1, § 186

18 Märchen aus Mallorca. In: Kast, V. (1992) Liebe im Märchen. Olten, S. 99 ff.

Quellenverzeichnis

Chancen für neue Erfahrungen: Originalbeitrag.

Energiequelle „Ärger": Verena Kast, Vom Sinn des Ärgers. Anreiz zur Selbstbehauptung und Selbstentfaltung. © Kreuz Verlag Stuttgart 1998, S. 19–22

Ressourcen finden, wenn die Angst dominiert: Verena Kast, Lebenskrisen werden Lebenschancen. Wendepunkte des Lebens aktiv gestalten. © Verlag Herder, Freiburg im Breisgau 2000, S. 133–161

Der Wunsch, autonom zu sein: Verena Kast, Vom Sinn des Ärgers. Anreiz zur Selbstbehauptung und Selbstentfaltung. © Kreuz Verlag Stuttgart 1998, S. 124–134

Grenzen überschreiten – das Fremde entdecken: Angst und Faszination. Emotionen in Bezug auf das Fremde, in: Das Eigene und das Fremde. Angst und Faszination, Hg. Helga Egner, Düsseldorf – Solothurn 1994

Ein Weg aus der Hilflosigkeit – Empathie mit sich selber: Verena Kast, Abschied von der Opferrolle. Das eigene Leben leben. © Verlag Herder, Freiburg im Breisgau 1998, S. 82–91

Das Interesse an sich selbst – Zuwendung zu sich und der Welt: Verena Kast, Vom Interesse und dem Sinn der Langeweile, Düsseldorf – Zürich, Walter. © Patmos Verlag GmbH & Co. KG, 2. Auflage 2001, S. 47–50

Lebensleidenschaft – das Leben gestalten: Verena Kast, Sich einlassen und loslassen. Neue Lebensmöglichkeiten bei Trauer und Trennung. © Verlag Herder, Freiburg im Breisgau 1994, S. 137–156

Auf dem Weg zur Reife – Echtheit entwickeln und Sinn erfahren: Originalbeitrag.

Verena Kast bei HERDER spektrum

Verena Kast
Aufbrechen und Vertrauen finden
Die kreative Kraft der Hoffnung
Band 5142
Gerade in Zeiten der Unsicherheiten und des Umbruchs brauchen wir die Hoffnung.
Sie kann aktiviert werden und gibt die kreative Kraft, neu aufzubrechen.

Verena Kast
Sich wandeln und sich neu entdecken
Band 4905
Leben heißt: wachsen und sich neu entwickeln. Ein Aufbruch zu neuer Lebens-
leidenschaft.

Verena Kast
Loslassen und sich selber finden
Die Ablösung von den Kindern
Band 4910
Sich loslassen und sich als Erwachsene neu begegnen. Phasen und Chancen im
Ablösungsprozess von den Kindern.

Verena Kast
Vom Sinn der Angst
Wie Ängste sich festsetzen und wie sie sich verwandeln lassen
Band 5525
Ein grundlegendes, gut zu lesendes Werk zur Thematik Angst.

Verena Kast
Sich einlassen und loslassen
Neue Lebensmöglichkeiten bei Trauer und Trennung
Band 4888
Den Blick nach vorn richten, eine neue Lebenslust entwickeln: Das sind Chancen,
die das Leben auch im Loslassen reicher machen.

HERDER spektrum

Neue Lebensperspektiven

Sharon A. Bower / Gordon H. Bower
Vertrauen zu sich selbst gewinnen
Ein Trainingsbuch
Band 5330
Das umfassende Programm für privaten und beruflichen Erfolg.

Klaus E. Jopp
Finden Sie Ihren Persönlichkeits-Code!
Die eigenen Chancen besser wahrnehmen
Band 5222
Lebensenergie freisetzen, indem wir negativen Selbst- und Fremdurteilen in uns auf die Spur kommen und sie ausschalten.

Jean Monbourquette
Umarme deinen Schatten
Negative Energien in positive verwandeln
Band 5094
Unser Schatten ist ein Schatz, und ihn zu erforschen lohnt sich. Wer ihn annehmen kann, erfährt Gelassenheit und Glück.

Klaus W. Schneider
Stell dir vor, es geht
Wer positiv denkt, hat mehr vom Leben
Band 5234
Mit unserem Denken machen wir uns das Leben oft unnötig schwer. Durch gezielte Übungen lassen sich positives Denken, Zuversicht und Selbstvertrauen erreichen.

Daniela Tausch-Flammer/Lis Bickel
Jeder Tag ist kostbar
Endlichkeit erfahren – intensiver leben
Band 5522
Übungen für eine neue Lebensperspektive.

HERDER spektrum